Anna Welker, Florian Ott

Einfluss ausgewählter Website-Elemente auf die wahrgenommene Qualität eines Internetauftritts für Vermietung von Ferienwohnungen

GRIN - Verlag für akademische Texte

Der GRIN Verlag mit Sitz in München hat sich seit der Gründung im Jahr 1998 auf die Veröffentlichung akademischer Texte spezialisiert.

Die Verlagswebseite www.grin.com ist für Studenten, Hochschullehrer und andere Akademiker die ideale Plattform, ihre Fachtexte, Studienarbeiten, Abschlussarbeiten oder Dissertationen einem breiten Publikum zu präsentieren.

Dokument Nr. V130829 aus dem GRIN Verlagsprogramm

Anna Welker, Florian Ott

Einfluss ausgewählter Website-Elemente auf die wahrgenommene Qualität eines Internetauftritts für Vermietung von Ferienwohnungen

GRIN Verlag

Bibliografische Information der Deutschen Nationalbibliothek: Die Deutsche Bibliothek verzeichnet diese Publikation in der Deutschen Nationalbibliografie; detaillierte bibliografische Daten sind im Internet über http://dnb.d-nb.de/ abrufbar.

1. Auflage 2007
Copyright © 2007 GRIN Verlag
http://www.grin.com/
Druck und Bindung: Books on Demand GmbH, Norderstedt Germany
ISBN 978-3-640-61735-7

Hausarbeit

zum Thema

Einfluss ausgewählter Website-Elemente auf die wahrgenommene Qualität eines Internetauftritts für Vermietung von Ferienwohnungen

an der

Wirtschaftswissenschaftlichen Fakultät

der Universität Augsburg

eingereicht am 30.04.2007

Lehrstuhl für Betriebswirtschaftslehre mit den Schwerpunkten Marketing und Informationsmanagement und Marktforschung

vorgelegt von

Anna Welker   Florian Ott

Bearbeitungszeit: 01.11.2006 – 30.04.2007

Augsburg, den 30.04.2007

Inhaltsverzeichnis

Abbildungsverzeichnis .... **III**

Tabellenverzeichnis .... **V**

Abkürzungsverzeichnis .... **VI**

1. Einleitung **1**

2. Zielsetzung **4**
    2.1. Website-Elemente 6
    2.2. Website-Promotion 7
    2.3. Relevanz der Thematik 10

3. Theoretische Überlegungen **11**
    3.1. Einflussgrößen 11
        3.1.1. Website-Elemente der Kategorie Inhalt 14
        3.1.2. Website-Elemente der Kategorie Navigation 18
        3.1.3. Website-Elemente der Kategorie Layout 20
    3.2. Funktionale Beziehungen 22

4. Messtheoretische Überlegungen **26**
    4.1. Erhebungsmethoden 26
    4.2. Messverfahren 31
    4.3. Indikatoren 32
    4.4. Gütekriterien 34

5. Stand der bisherigen empirischen Forschung **36**
    5.1. Die Studie von Gierl, H., Bambauer, S. (2004) 36
    5.2. Die Studie von Silberer, G., Engelhardt, J., Krumsiek, M. (2003) 40
    5.3. Die Studie von Wilhelm, T.; Yom, M.; Nusseck, D. (2003) 43
    5.4. Die Studie von Geißler, H., Donath, T., Jaron, R. (2003) 46
    5.5. Die Studie von Bauer, H, Grether, M., Sattler, C. (2002) 49
    5.6. Die Studie von Bauer, H., Meeder, U., Rennert, S. (2001) 52
    5.7. Die Studie von Zhang, P., von Dran, G. (2001) 55
    5.8. Die Studie von Grösswang, B., Kurz, H. (2000) 58

6. Hypothesen 61

7. Empirische Studie 63
7.1. Voruntersuchung zur Relevanz der Elemente 63
7.2. Festlegung der Eigenschafsausprägungen 67
7.3. Erhebungs- und Entwurfsdesign 67
7.4. Gestaltung des Fragebogens 69
7.5. Datengewinnung 71
7.6. Zusammensetzung der Stichprobe 72
7.7. Conjoint-Analyse 76
7.8. Auswertung der weiteren Fragestellungen 83

8. Fazit 94

Anhang 98
Anhangsverzeichnis 98
A: Fragebogen zur empirischen Studie 99
B: Literaturverzeichnis 114
C: Internetadressenverzeichnis 120

Abbildungsverzeichnis

Abb. 1: Anzahl und Entwicklung der Internethosts weltweit in Mio 1

Abb. 2: Über 14-jährige Internetnutzer in Deutschland in Prozent 2

Abb. 3: Anzahl der DENIC-Registrierungen in Mio 4

Abb. 4: Werbewirkungsmodell für Website-Elemente 24

Abb. 5: Punkteverteilung der TOP-20 Fewo-Seiten in Google 64

Abb. 6: Website-Elemente in TOP-20 privaten Fewo-Seiten in Google 66

Abb. 7: Geschlechtsspezifische Zusammensetzung der Stichprobe 72

Abb. 8: Altersstuktur der Stichprobe 72

Abb. 9: Histogramm der Altersverteilung der Stichprobe 73

Abb. 10: Streuung der Interneterfahrung in der Stichprobe 74

Abb. 11: Interneterfahrung der verschiedenen Altersgruppen 74

Abb. 12: Interneterfahrung in Abhängigkeit des Alters der Probanden 75

Abb. 13: Durchgeführte Internetsuchen einer Fewo 75

Abb. 14: Durchgeführte Online-Buchungen einer Fewo 76

Abb. 15: Varianzkriterium in Abhängigkeit der Clusterzahl 77

Abb. 16: Schluss von der Website-Qualität auf die Fewo-Qualität 84

Abb. 17: Wo nach Ferienwohnungen gesucht wird 85

Abb. 18: Wo Ferienwohnungen gebucht werden 85

Abb. 19: Vorlaufzeiten für die Buchung von Ferienwohnungen 86

Abb. 20: Bessere Bewertung für Ferienwohnungen mit eigener Website 87

Abb. 21: Nur Ferienwohnungen mit eigener Website relevant 88

Abb. 22: Ausgangsposition für eine Fewo-Suche im Internet 88

Abb. 23: Suchbegriffe für eine Ferienwohnung 89

Abb. 24: Weitere angegebene Suchbegriffe 89

Abb. 25: Anzahl der angegebenen Suchbegriffe 90

Abb. 26: Wichtigste Eigenschaften einer Ferienwohnung 91

Abb. 27: Ich sehe mit maximal die ersten zwei Trefferseiten an 92
Abb. 28: Ablehnung gegenüber AdWords 93
Abb. 29: Website-Gestaltungsentwurf 1 101
Abb. 30: Website-Gestaltungsentwurf 2 102
Abb. 31: Website-Gestaltungsentwurf 3 103
Abb. 32: Website-Gestaltungsentwurf 4 104
Abb. 33: Website-Gestaltungsentwurf 5 105
Abb. 34: Website-Gestaltungsentwurf 6 106
Abb. 35: Website-Gestaltungsentwurf 7 107
Abb. 36: Website-Gestaltungsentwurf 8 108

Tabellenverzeichnis

Tabelle 1: Bewertung der TOP-20 privaten Fewo-Seiten in Google 65

Tabelle 2: Orthogonales Untersuchungsdesign der Conjoint-Analyse 68

Tabelle 3: Werte des K-S-Anpassungstests für Cluster 1 78

Tabelle 4: Werte des K-S-Anpassungstests für Cluster 2 78

Tabelle 5: Levene-Test auf Varianzhomogenität in den Clustern 79

Tabelle 6: Ergebnisse des T-Tests bei unabhängigen Stichproben 80

Tabelle 7: Clustermittel der errechneten Teilnutzenwerte 81

Tabelle 8: Herkunft der Clusterunterschiede 82

Abkürzungsverzeichnis

AGOF	Arbeitsgemeinschaft Online-Forschung e. V.
AOI	Area of Interest
ASP	Active Server Pages
bzw.	beziehungsweise
CI	Corporate Identity
CSS	Cascading Style Sheet
d. h.	das heißt
DENIC	Deutsches Network Information Center
DNS	Domain Name System
e. V.	eingetragener Verein
EMS	Electronic Mail Survey
EPS	Encapsulated Postscript
Fewo	Ferienwohnung
ggf.	gegebenenfalls
GNU	GNU's Not Unix
HTML	Hypertext Markup Language
i. w. S.	im weiteren Sinn
ISP	Internet Service Provider
Kap.	Kapitel
kB	Kilobyte
K-S	Kolmogorov-Smirnov
Mio.	Million
OFG	Online-Fokus-Gruppe
PDF	Portable Document Format
PHP	Personal Home Page Tools / PHP: Hypertext Preprocessor
SEO	Search Engine Optimization

sog.	sogenannt
u. a.	unter anderem
URL	Uniform Resource Locator
v. a.	vor allem
W3C	World Wide Web Consortium
WAI	Web Accessibility Initiative
WU	Wirtschaftsuniversität Wien
WWW	World Wide Web
WYSIWYG	What You See Is What You Get
XFDF	XML Forms Data Format
XHTML	Extensible Hypertext Markup Language
XML	Extensible Markup Language
z. T.	zum Teil

1. Einleitung

Wie das Statistische Bundesamt am 27. Februar 2007 mitteilte, sind mit einem Anteil von 65 % inzwischen annähernd zwei Drittel der über 10-jährigen Bundesbürger online.[1]

Dies verdeutlicht einmal mehr den schier unaufhaltsamen Siegeszug, den das World Wide Web, der bekannteste Bestanteil des Internets, seit seiner Entwicklung 1989 durch Tim Berners-Lee[2] angetreten hat. Wie man in Abb. 1 anhand der roten Trendlinie gut erkennen kann, verlief das Wachstum des Internets über die vergangen zehn Jahre annähernd exponentiell, wobei sich bei genauerer Berechnung eine Wachstumskonstante von etwa 0,327 ergibt. Das entspricht einer Verdopplung der Knotenpunkte, sogenannter Hosts, in weniger als 2,12 Jahren.

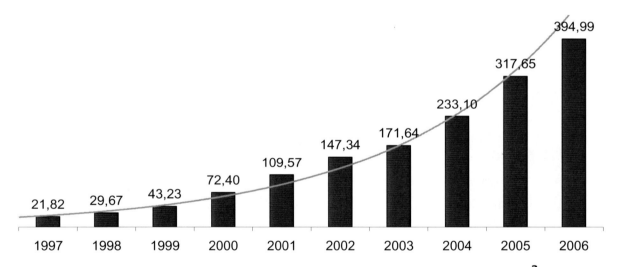

Abb. 1: Anzahl und Entwicklung der Internethosts weltweit in Mio[3]

Berücksichtigt man in diesem Zusammenhang die berühmte Faustregel Metcalfe's Law[4], nach der der Nutzen eines Netzwerks quadratisch mit der Anzahl der beteiligten Hosts steigt, hat das Internet seinen Nutzen in den vergangenen zehn Jahren mehr als verdreihundertfacht.

---

[1] Vgl. [14].
[2] Vgl. Veen, J. (2001), S. 22 f.
[3] Auf Basis der Daten aus [3].
[4] Vgl. Veen, J. (2001), S. 12 f.

Neben der Größen- und damit verbundenen Nutzensteigerung des Internets an sich, nimmt aber auch – wie eingangs erwähnt – die Zahl der Internetanwender immer mehr zu. Eine großangelegte Online-Studie von ARD und ZDF aus dem Jahr 2006 belegt diesen Sachverhalt, wie in Abb. 2 dargestellt, mit Zahlen der gleichen Periode wie in Abb. 1. Geht man von einer Nutzerquote von 59,6 % im Jahr 2006 aus, so entspricht dies hochgerechnet einer absoluten Nutzerzahl von etwa 38,6 Millionen über 14-jähriger allein in Deutschland.

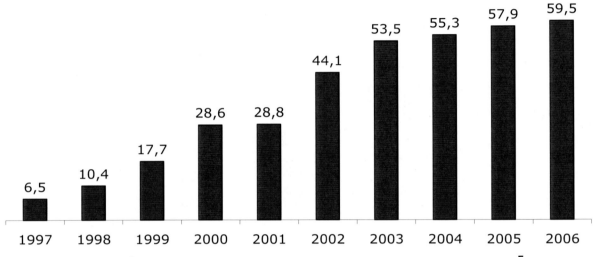

Abb. 2: Über 14-jährige Internetnutzer in Deutschland in Prozent[5]

Nach Daten des Statistischen Bundesamtes surft mehr als jeder Zweite dieser knapp 40 Millionen mittlerweile sogar fast täglich durch das WWW und wird dadurch kontinuierlich zum potenziellen Kunden von Online-Angeboten. Neben der elektronischen Kommunikation und der Beschaffung von Informationen über Waren und Dienstleistungen mit 85 % wurde von 55 % der Befragten die Inanspruchnahme von Reisedienstleistungen als Zweck des Internetaufenthalts angegeben.[6] Laut ADAC-Reisemonitor 2007 haben sogar 56,1 % der Befragten bereits eine Reisebuchung über das Internet getätigt. Das sind 21,7 % mehr als im Vorjahr und über 390 % mehr als bei der gleichen Erhebung 2002. Sogar über 67 % der befragten Personen halten 2007 die Buchung einer Unterkunft, wie beispielsweise einer Ferienwohnung, über das Internet für wahrscheinlich.[7] Dieser

---

[5] Auf Basis der Daten aus van Eimeren, B., Frees B. (2006), S. 404.
[6] Vgl. [14].
[7] Vgl. Krause, C. (2007), S. 62 ff.

Sachverhalt macht das Internet zu einem unverzichtbaren Werbemedium für die Tourismusbranche. Besonders für private Anbieter von Ferienwohnungen, die häufig nur über ein sehr geringes Webebudget verfügen, bietet das Internet die Möglichkeit, kostengünstig und v. a. ohne technisches Know-how Werbeanzeigen z. B. auf Portalseiten oder in Werbesyndikaten wie Google AdWords [12] oder AdSense [11] zu schalten. Da hierdurch bereits mit überschaubaren Ausgaben[8] direkter Zugang zu 65 % der gesamten angesprochenen Zielgruppe geschaffen werden kann, wird diese Option von immer mehr Vermietern angenommen.

Was eigene Internetauftritte von Fewo-Anbietern angeht, sieht die Situation allerdings anders aus. Anfangs waren lediglich Portalseiten und Reiseanbieter wie ferienwohnungen.de oder größere Städte in beliebten Zielregionen, wie beispielsweise München im Netz präsent und umwarben potenzielle Urlaubsgäste mit eigenem Internetauftritt. Private Vermieter mit eigener Website hingegen waren bis vor kurzem noch die Ausnahme, was neben Kostengründen nicht zuletzt auf die lange Zeit vorhandenen Eintrittsbarrieren wie HTML-Kenntnisse oder technisches Wissen über Domainregistrierung und Serverbetrieb zurückzuführen ist. Verursacht durch das zumeist nur unzureichend vorhandene Differenzierungs- und Selbstdarstellungspotenzial der Tourismusportale oder anderer Werbemöglichkeiten, zeichnet sich seit 1997 allerdings ein anderer Trend ab.[9] Unterstützt durch die Entwicklungen leicht zu bedienender und kostengünstiger Webdesign-Programme mit WYSIWYG-Funktionalität[10] und des voranschreitenden Angebots von kostenlosem Webspace[11] vieler ISP, setzen immer mehr Vermieter auf einen eigenen Webauftritt.

Die Tendenz zur eigenen Webpräsenz bringt allerdings für Vermieter von Ferienwohnungen auch eine Reihe von Problemen mit sich. Diese werden im folgenden Kapitel kurz diskutiert, wobei hierbei jeweils auf die Zielsetzung der vorliegenden Arbeit Bezug genommen wird.

---

[8] Vgl. Tißler, J. (2006), S. 50 ff.
[9] Vgl. Bambauer, S. (2003), S. 2.
[10] Vgl. Strack, S. (2002), S. 32.
[11] Vgl. [16].

2. Zielsetzung

Wie einleitend geschildert, kam es in den vergangenen Jahren neben der Progression passiver Internetnutzer – also derer, die lediglich durch das WWW surfen – auch zu einer Zunahme der aktiven Webnutzer, also der Personen mit eigenem Internetauftritt. Veranschaulicht werden kann dieser Sachverhalt besonders gut anhand der Anzahl registrierter Domains, hier repräsentativ für Deutschland anhand Registrierungen der DENIC in Abb. 3.

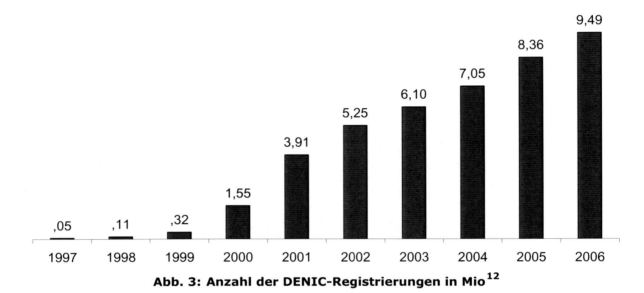

Abb. 3: Anzahl der DENIC-Registrierungen in Mio[12]

Berücksichtigt man nun, dass die auf DE-Domains eingeschränkte Google-Suche nach dem Begriff „Ferienwohnung" [1] im Dezember 2006 1,45 Mio. Treffer liefert, macht der Tourismusmarkt für Ferienwohnungen aktuell einen Anteil von mehr als 10 % des deutschen DNS-Segments aus. Hinzu kommt die Tatsache, dass im Gegensatz zur weit verbreiteten Meinung, im Internet seien größtenteils junge Menschen mit geringer Kaufkraft anzutreffen[13], gerade die Personengruppe der über 50-jährigen im letzten Jahr die höchsten Zuwachsraten erzielt hat. Nach Meinung der Autoren der Studie von ARD und ZDF van Eimeren und Frees hat auch genau diese als Silver-Surfer bezeichneten Nutzergruppe das „größte Potenzial für das zukünftige Internetwachstum"[14] und kann nach einer Studie von

---

[12] Auf Basis der Daten aus [13].
[13] Vgl. Föbus, M. (2006), S. 3.
[14] van Eimeren, B.; Frees B. (2006), S. 403.

AGOF noch dazu als „hochwertige Zielgruppe mit großer Kaufkraft"[15] angesehen werden. Dieser Trend ist v. a. deshalb von Interesse, da genau diese Personengruppe neben Familien mit Kindern einen Großteil der Buchungen von Ferienwohnungen verursacht. Unabhängig davon hat die Zahl der Urlaubsreisen, die direkt über das Internet gebucht wurden, seit 2002 um 56,8 % zugenommen und machte 2006 bereits einen Anteil von 29 % aller Urlaubsbuchungen aus.[16] Diese Entwicklungen haben – unterstützt vom Internet-Hype der vergangen Jahre und der Verringerung der in Kap. 1 erwähnten Einstiegsrestriktionen – viele Vermieter dazu veranlasst, eine eigene Webpräsenz zu erstellen. Allerdings ist dies meist ohne großen professionellen Anspruch[17] und v. a. auch ohne Berücksichtigung der Bedürfnisse der Zielpersonen geschehen.[18] Bedingt durch die Tatsache, dass inzwischen auch technisch unbedarfte Anwender in der Lage sind, eine eigene Webpräsenz zu pflegen ohne dabei eine Werbeagentur oder einen Programmierer beauftragen zu müssen[19], entstand eine Vielzahl an Internetauftritten die weder allgemein gültigen Designvorschriften, noch den Webstandards des W3C, geschweige denn Usability- und Accessibility-Richtlinien der WAI [18] folgen.[20] Für viele Anbieter stand bei der Erstellung ihres Internetauftritts allein die bloße Präsenz im WWW im Vordergrund.[21] Schlecht strukturierte, unübersichtliche und benutzerunfreundliche Internetseiten mit langen Ladezeiten reduzieren dabei nicht nur die wahrgenommene Qualität einzelner Websites sondern auch die Nutzungseffektivität des gesamten WWW.[22] Betrachtet man konkret Internetauftritte der Tourismusbranche, so wurden hier in Studien der Fachhochschule Heilbronn und Tsebe-Marketing „bei jeder Homepage Mängel festgestellt."[23] Aufgrund der wachsenden Bedeutung des Internets kann außerdem erwartet werden, dass zukünftig auch im Tourismusbereich ein zunehmend pro-

---

[15] Föbus, M. (2006), S. 3.
[16] Vgl. Krause, C. (2007), S. 47.
[17] Vgl. Röper, D. (2001), S. 52.
[18] Vgl. Bambauer, S. (2003), S. 9.
[19] Vgl. Strack, S. (2003), S. 42.
[20] Vgl. Münz, S. (2005), S. 35 ff.
[21] Vgl. Kirchmair, R.; Weis, M. (2000), S. 62.
[22] Vgl. Stowasser, S. (2002), S. 52.
[23] Litsch, I. (2001), S. 78.

fessionelleres Website-Management erwartet wird.[24] Dies stellt für die Qualität der Webauftritte und damit für das empfundene Besuchserlebnis ein enormes Gefahrenpotenzial dar, da Besucher von der wahrgenommenen Qualität des Internetauftritts Rückschlüsse auf die Qualität der Ferienwohnung – also des beworbenen Produktes – ziehen können[25] und so möglicherweise vom eigentlichen Werbeziel der Website, nämlich einer Buchungsanfrage, absehen. Vielmehr noch ruft ein Konsument spezifische Internetseiten nur dann auf, wenn der von ihnen erwartete Gesamtnutzen größer ist als die Opportunitätskosten, die ihm durch Zeitverlust zuzüglich der Onlinenutzungsgebühren entstehen.[26] Deshalb sollten Websites einem bestimmten qualitativen Mindestanspruch genügen, um die Einstellung des Besuchers zur Website und damit zum angebotenen Produkt positiv zu beeinflussen. Das Hauptanliegen der vorliegenden Arbeit ist es, diese Problematik zu analysieren, Verbesserungspotenziale zu ermitteln und hieraus Handlungsempfehlungen abzuleiten. Wie in Kirchmair, R.; Weis, M. (2000) dargestellt, sollte Dabeisein im Internet nicht alles sein. Vielmehr stehen Website-Designer „in der Pflicht, den Ansprüchen des Kunden gerecht zu werden."[27] Nachdem es den Rahmen dieser studentischen Arbeit bei Weitem sprengen würde, die Thematik umfassend zu adressieren, beschränken sich die Untersuchungen der vorliegenden Arbeit im Weiteren auf einige relevante Kernfragen zur Integration von Website-Elementen und zur Website-Promotion.

2.1. Website-Elemente

Zum Einen soll im Folgenden ermittelt werden, inwieweit private Anbieter von Ferienwohnungen die wahrgenommene Qualität ihres Internetauftrittes durch die Integration bestimmter Website-Elemente verbessern können, d.h. es soll untersucht werden, ob das Anzeigen bestimmter Inhaltselemente einen positiven Einfluss auf die Einstellung der Besucher zur Website hat. In Frage kommen hier verschiedenste Bestandteile wie Bildergalerien oder Impressionen, Raumpläne, Webcams, Gästebücher, das Vorhandensein eines Logos, eine seiteneigene Such-

---

[24] Vgl. Liebmann, H.; Foscht, T.; Ulrich, C. (1999), S. 40.
[25] Vgl. Bambauer, S. (2003), S. 168.
[26] Vgl. Bauer, H.; Grether, M.; Sattler, C. (2002), S. 267.
[27] Kirchmair, R.; Weis, M. (2000), S. 62.

funktion, aufwändige grafische Gestaltungselemente, Hilfsnavigationen wie Klickpfade (alias Breadcrumbs) oder auch Online-Buchungsformulare um nur einige zu nennen. Da die Effektwirkung von Webcams und Online-Buchungsformularen bereits ausführlich in Bambauer, S. (2003) untersucht wurde, beschränkt sich die vorliegende Arbeit auf die Untersuchung der Auswirkungen der restlichen sieben angesprochenen Elemente. Eine genauere Abgrenzung der einzelnen Begriffe wird in Kap. 3.1 gegeben.

2.2. Website-Promotion

Neben der potenziellen Beeinflussbarkeit der Besucherwahrnehmung über Integration einzelner Website-Elemente, auf der auch der primäre Fokus dieser Arbeit liegt, ist für den Erfolg eines Internetauftritts seine Auffindbarkeit von besonderer Bedeutung. Suchmaschinen stellen inzwischen die bevorzugte Informationsquelle für Internetnutzer bei ihrer Produktsuche dar.[28] Einige weitere Fragestellungen, die diesbezüglich von Interesse sind, werden im Folgenden thematisiert. Die Untersuchungsziele orientieren sich dabei in erster Linie an bereits in anderem Kontext durchgeführten Studien, wobei versucht wird, deren Ergebnisse auf Fewo-Auftritte zu übertragen. Dies ist deshalb von besonderer Bedeutung, da entgegen weitläufiger Meinungen der Großteil des Arbeitsaufkommens beim Erstellen und der Pflege einer eigenen Webpräsenz nicht im Design oder der Programmierung der Seite besteht, sondern in deren Bekanntmachung, der sog. Website-Promotion. Viele Internet-Unternehmen geben hierfür bis zu 80 % ihres gesamten Werbebudgets aus.[29]

Gerade für private Anbieter von Ferienwohnungen, die meist nicht über einen großen Werbeetat verfügen, welchen sie in Print- oder TV-Werbung, sowie in dauerhafte Internetwerbeverträge investieren können, spielt das Suchmaschinenranking ihrer Website eine entscheidende Rolle. Hierunter versteht man die Positionierung einer Website innerhalb der Ergebnisse einer Suchmaschine bezüglich des eingegebenen Suchbegriffs.[30] Die Herausragende Rolle des Rankings

---

[28] Vgl. Greifeneder, H. (2006), S. 15.

[29] Vgl. Fritz, W. (2001), S. 149.

[30] Vgl. Beisecker, M. (2006), S. 293.

für die Website-Promotion lässt sich dadurch erklären, dass Surfer ihre Produktsuche inzwischen meist bei einer einschlägigen Suchmaschine wie Google beginnen.[31] Finden Sie dort unter den ersten Treffern ein für sie relevant erscheinendes Angebot, wird dieses auch mit allergrößter Wahrscheinlichkeit angeklickt. Problematisch ist allerdings, dass bei nicht ansprechenden Ergebnissen 80 % der Anwender nicht die Treffer auf den folgenden Ergebnisseiten beurteilen, sondern stattdessen eine gänzlich neue Suchanfrage starten.[32] Aus Anbietersicht ist es daher nicht nur äußerst wichtig, dass gefundene Seiten der eigenen Website möglichst weit oben in den Trefferlisten erscheinen[33], vielmehr kann das schnelle Auffinden einer Website für deren Betreiber zum entscheidenden Wettbewerbsvorteil werden.[34] Um besser gefunden zu werden, kann es deshalb für private Anbieter durchaus rentabel sein, sich eine Position unter den oberen Suchergebnissen über sog. Sponsored Links oder AdWords zu erkaufen.[35]

Zunächst soll untersucht werden, inwieweit es für Vermieter von Ferienwohnungen sinnvoll sein kann, die Auffindbarkeit ihrer Seite durch kostenpflichtige Werbemaßnahmen kurzfristig zu erhöhen, da davon auszugehen ist, dass langfristige Ausgaben in SEO das Budget vieler Vermieter sprengen würden.[36] Berücksichtigt man nun, dass im Jahr 2006 32,3 % aller Urlaubsbuchungen mit weniger als zwei Monaten Vorlaufzeit durchgeführt wurden[37], könnte es für Fewo-Anbieter gerade während der häufig nicht ausgebuchten Nebensaison durchaus sinnvoll sein, sich kurzfristig Spitzenplätze in Suchmaschinenergebnissen zu sichern. Hierzu wären allerdings zusätzliche Informationen über den Urlaubsplanungshorizont der Zielgruppe aufschlussreich. Außerdem muss berücksichtigt werden, ob die z. T. teuer erkauften Sponsored Links, die aus Gründen der Fairness von fast allen Suchanbietern optisch getrennt von den sog. Organic Links[38] abgehoben

---

[31] Vgl. Münz, S. (2005), S. 874 f.
[32] Vgl. Greifeneder, H. (2006), S. 25.
[33] Vgl. Münz, S. (2005), S. 876.
[34] Vgl. Pawlowitz, N. (2000), S. 18.
[35] Vgl. Kreutzer, R. (2006), S. 261.
[36] Vgl. Fischer, M. (2006), S. 77 ff.
[37] Vgl. Krause, C. (2007), S. 50.
[38] Vgl. Sherman, C. (2005), S. 82.

werden, aufgrund von Bannerblindheit[39] der Surfer nicht mehr wahrgenommen bzw. besser gesagt nicht mehr angeklickt werden. Wie Studien von Schmeißler, D.; Sauer, H. (2003) und Bernard, M. (2003) gezeigt haben, sind Elemente im oberen Bereich und der rechten Spalte einer Website, wo beispielsweise Google AdWords dargestellt werden, besonders anfällig für diese Bannerblindheit vieler Internetnutzer.[40] Diesbezüglich wäre interessant, ob Sponsored Links von der Zielgruppe überhaupt noch als potenziell zielführend aufgefasst und deshalb angeklickt werden.

Daneben stellt der Aufbau eines eigenen Internetauftritts generell einen nicht zu unterschätzenden Kostentreiber dar.[41] Diesbezüglich soll ermittelt werden, ob Ferienwohnungen ohne eigene Website inzwischen grundsätzlich schlechter bewertet werden als solche mit eigener Internetpräsenz. Aufgrund der Vielzahl der Anbieter ist diese Frage von großem Interesse, da sie direkt die Konkurrenzfähigkeit eines Fewo-Anbieters im Internet widerspiegelt.

Weiterhin ist in diesem Zusammenhang relevant, ob Besucher einer Fewo-Website von der Qualität des Internetauftritts Rückschlüsse auf die Qualität der Ferienwohnung ziehen, d. h. bei einem für sie inhaltlich oder emotional besonders ansprechendem Webauftritt diesen Eindruck auch auf das angebotene Produkt, die Wohnung, übertragen. Da eine erschöpfende Analyse dieser Fragestellung allerdings bei Weitem über den Rahmen der vorliegenden Arbeit hinausgehen würde, soll diese Thematik nur geringfügig im Zuge der in Kap. 5.7 durchgeführten empirischen Studie mit einfließen.

Besonders bei der Vermarktung im Internet, einem Massenmedium ohne Massenmarkt[42], spielen kundenindividuelle Anreize und das Generieren von echtem Mehrwert für das Gewinnen der Rezipienten der Werbemaßnahme eine entscheidende Rolle.[43] Deshalb soll ebenfalls ermittelt werden, welche Eigenschaften einer Ferienwohnung der Zielgruppe besonders wichtig sind und mit welchen

---

[39] Vgl. Nielsen, J.; Tahir, M. (2004), S. 144.
[40] Vgl. Schmeißler, D.; Sauer, H. (2003), S. 58.
[41] Vgl. Hübner, R.; Bressler, F.; Rohloff, S. (2003), S. 14 ff.
[42] Vgl. Kirchmair, R.; Weis, M. (2000), S. 63.
[43] Vgl. Stolpmann, M. (1999), S. 31.

Suchbegriffen nach diesen Eigenschaften im Internet gesucht wird, damit diese bei Vorhandensein entsprechend beworben werden können.

Für alle angesprochenen Fragestellungen sind außerdem sozio-demografische Informationen sowie Kenntnis der Internterfahrung der Website-Besucher von Interesse, da beispielsweise Silver-Surfer aufgrund ihres Alters ein anderes Surfverhalten an den Tag legen als jüngere Nutzer[44], aber auch wegen ihrer verminderten Informationsverarbeitungsfähigkeit andere Anforderungen an die Bedienbarkeit eines Internetauftritts stellen.[45]

2.3. Relevanz der Thematik

Wie in Bambauer, S. (2003) ausführlich dargestellt, gibt es bisher nur wenige Studien mit wissenschaftlichem Anspruch, die sich mit der Bewertung von Website-Elementen befassen. Zwar finden sich diverse quantitative Auswertungen im Zusammenhang mit E-Commerce, allerdings haben diese meiste keine theoretisch fundierten Grundlagen und verwenden nur unzureichende Methoden empirischer Beweisführung.[46] Dies trifft insbesondere auf die Tourismusdomain und somit auch auf Fewo-Websites zu. Hierdurch gibt es bisher auch nur eine sehr geringe theoretische Basis „zur Formulierung und Überprüfung von Hypothesen im Zusammenhang mit Tests von Websites"[47], weshalb die Untersuchungen dieser Arbeit von großem theoretischen Interesse sind.

Nachdem die vorliegende Studie darüber hinaus in Kooperation mit einem privaten Anbieter von Ferienwohnungen als Praxispartner durchgeführt wird, ist sie nicht nur von praktischer Relevanz, vielmehr nehmen die Ergebnisse der vorliegenden Arbeit zukünftig direkten Einfluss auf die bestehende Website des Anbieters.

---

[44] Vgl. Wild, A. (2003), S. 21.
[45] Vgl. Yom, M.; Wilhelm, T.; Beger, D. (2001), S. 23.
[46] Vgl. Zhang, P.; von Dran, G. (2001), S. 1.
[47] Bambauer, S. (2003), S. 27.

3. Theoretische Überlegungen

Das folgende Kapitel legt mit einigen theoretischen Betrachtungen über relevante Einflussgrößen und deren funktionalen Zusammenhang den Grundstein für die in Kap. 5.7 aufgestellten Hypothesen der empirischen Untersuchung. Wie bereits in Abschnitt 2.3 erwähnt, besteht hierbei das Problem, dass im Gegensatz zu vielen anderen Themengebieten die Literaturfülle zu theoretischen Erkenntnissen der Bewertung von Website-Elementen sehr begrenzt ist, weshalb z. T. auch Theorien der klassischen Werbewirkungsforschung auf die Problematik übertragen werden.

Beim Internet handelt es sich im Gegensatz zu klassischen Werbeformen wie TV-Werbung oder Anzeigen in Zeitschriften nicht um ein Push- sondern um ein Pull-Medium, bei dem die beworbenen Surfer selbst selektieren, ob und wie sie die Werbemaßnahmen annehmen und v. a. anklicken.[48] Bevor ein Nutzer also durch die Reize einer Website erreicht werden kann, muss er diese zunächst anklicken oder durch manuelle Eingabe der Adresse aufrufen, was er wiederum nur tut, wenn er sich einen Nutzen von dieser Aktion verspricht.[49] Dies stellt spezifische Anforderung sowohl an bestimmte in Websites integrierte Elemente als auch an die Website-Promotion über die zur Verfügung stehenden Kanäle.[50] Im Rahmen dieser Arbeit sollen die in Kap. 2.2 formulierten Fragestellungen zur Website-Promotion sowie demografische Daten der Besucher jedoch lediglich deskriptiv untersucht werden, weshalb diesbezüglich im folgenden Kapitel keine nähere Betrachtung der Einflussgrößen mit anschließender Modellbildung vorgenommen werden muss. Somit beschränken sich die nächsten beiden Abschnitte auf Theorien relevanter Website-Elemente und deren funktionale Beziehungen.

3.1. Einflussgrößen

Zentraler Bestandteil zur Beurteilung der im Folgenden aufgeführten Website-Bestandteile ist die durch den Surfer wahrgenommene Qualität der Webseite,

---

[48] Vgl. Stolpmann, M. (1999), S. 30.
[49] Vgl. Bauer, H.; Grether, M.; Sattler, C. (2002), S. 266
[50] Vgl. Frosch-Wilke, D.; Raith, C. (2002), S. 3.

welche im restlichen Teil dieser Arbeit analog zum Begriff der Einstellung des Besuchers zur Website verwendet wird.[51] Nachdem untersucht werden soll, wie die Integration bestimmter Elemente die Einstellung des Besuchers beeinflusst, muss zunächst geklärt werden, was in diesem Zusammenhang unter dem Begriff Einstellung bezüglich des Werbemittels Website zu verstehen ist. Im weiteren Verlauf der vorliegenden Arbeit wird dem Begriff Einstellung deshalb folgende Definition zu Grunde gelegt: Die Einstellung zu einem Beurteilungsobjekt, wie einer Webseite, ist zu sehen als die Eignung, die dem Beurteilungsobjekt zur Erreichung von angestrebten Zielen beigemessen wird oder anders formuliert als die Neigung, in konkreten Situationen auf eine bestimmte, stabile Weise positiv oder negativ zu reagieren.[52] Bezogen auf Ferienwohnungen können Einstellungen der Seitenbesucher als pauschale Einflussgrößen des Buchungsverhaltens eingestuft werden und stellen somit den wesentlichen Schritt zur Erreichung der ökonomischen Ziele eines Fewo-Anbieters dar.[53] Nach dem Dual Mediation Model von MacKenzie, Lutz und Belch ergibt sich aus der Beurteilung des Werbemittels, in diesem Fall der Internetseite, die Einstellung zum beworbenen Objekt, der Ferienwohnung.[54] Besucher beurteilen Websites allerdings nicht zwangsläufig anhand realer Gegebenheiten sondern bewerten diese anhand ihrer subjektiven Vorstellungen der Gegebenheiten.[55] Während subjektiv uninteressante Informationen zu Langeweile und damit potenziell zum Abbruch der Nutzung führen können, kann eine hohe Website-Qualität dazu beitragen, den Aufenthalt auf der Seite zu verlängern und zu intensivieren.[56] Deshalb ist zu untersuchen, ob bestimmte Website-Elemente zu einer derartigen subjektiven Qualitätssteigerung beitragen können. Im Gegensatz zu rein qualitätsbezogenen Zusatzinformationen wie Gütezertifikaten von beispielsweise TÜV [6] oder VeriSign [4], gehören die im Folgenden untersuchten Website-Bestandteile meist mehr oder weniger zum Funktionsumfang des Internetauftritts und initiieren so nicht nur rein informativ-kognitive Prozesse beim Surfer, sondern sind auch Auslöser emotionaler Wahr-

---

[51] Vgl. Bambauer, S. (2003), S. 14.
[52] Vgl. Gierl, H. (1995), S. 34.
[53] Vgl. Bauer, H.; Meeder, U.; Rennert, S. (2001), S. 71.
[54] Vgl. Esch, F.; Kiss, G. (2006), S. 102, Gierl, H.; Bambauer, S. (2004), S. 98.
[55] Vgl. Gierl, H. (1995), S. 38.
[56] Vgl. Bauer, H.; Mäder, R.; Fischer, C. (2003), S. 233.

nehmungsveränderungen.[57] Dies muss bei einer Modellbildung entsprechend berücksichtigt werden.

In der Vergangenheit musste eine Betrachtung zur Integrationsmöglichkeit bestimmter Website-Elemente grundsätzlich unter Berücksichtung von Wirtschaftlichkeitsaspekten bezüglich der Umsetzbarkeit durchgeführt werden, da beispielsweise der Programmieraufwand für eine seiteninterne Suchfunktion besonders für private Seitenanbieter oftmals den Budgetrahmen gesprengt hätte und somit von vorneherein nicht in einer derartigen Untersuchung berücksichtigt worden wäre. Seit einiger Zeit werden jedoch v. a. von privaten Seitenbetreibern vermehrt frei verfügbare Web Content Management Systeme, wie Typo3 [15], Joomla [5] oder Drupal [2] eingesetzt.[58] Vor allem der Tourismusbereich springt aufgrund von Kostenersparnissen immer mehr auf diesen CMS-Zug auf.[59] Aufgrund ihres Open Source Charakters stehen die genannten CM-Systeme kostenlos unter der GNU General Public Licence zur Verfügung und werden nach dem von Linux bekannten Prinzip kontinuierlich weiterentwickelt. Neben Output standardkonformer XHTML-Seiten unter Verwendung von CSS, erlauben die Systeme die Erstellung von Internetseiten nach dem Baukastenprinzip, wobei eine Vielzahl an Modulen oder Erweiterungen, u. a. auch die oben vorgestellten Elemente verfügbar sind. Hierdurch ist es auch Webmastern ohne Kenntnis von Programmiersprachen wie Javascript, PHP oder ASP mit geringem Aufwand möglich[60], dynamische Bestandteile wie eine Suchfunktion oder ein Gästebuch in ihre Webpräsenz zu integrieren oder bei Bedarf integrieren zu lassen und anschließend selbst zu pflegen.[61]

Um die Auswirkungen der Integration verschiedener Elemente auf die wahrgenommene Qualität der Website besser erfassen zu können, werden die Elemente im Folgenden verschiedenen thematischen Bereichen zugeordnet. Analog zu Kirchmair, R.; Weis, M. (2000) teilt diese Arbeit die Qualität der Website in die drei sich gegenseitig beeinflussenden Dimensionen Inhalt, Navigation und Layout

---

[57] Vgl. Bambauer, S. (2003), S. 26.
[58] Vgl. Maass, W.; Stahl, F. (2003), S. 3 f.
[59] Vgl. Röper, D. (2001), S. 50.
[60] Vgl. Strack, S. (2002), S. 31.
[61] Vgl. Altmann, W.; Fritz, R.; Hinderink, D. (2004), S. 25 ff.

auf, wobei die Eindrücke und Meinungen der Besucher mit dem Ziel, eine bessere Differenzierbarkeit zu schaffen, jeweils unter diesen Themenbereichen subsumiert werden können.[62]

In den nächsten drei Abschnitten werden die sieben verschiedenen aus Kap. 2.1 bekannten Website-Elemente diesen Dimensionen zugeordnet wobei jeweils begründet wird, warum sich ihre Integration auf die wahrgenommene Qualität der Website auswirken kann. Für eine bessere Verwendbarkeit im weiteren Verlauf der Arbeit wird außerdem jedes Element mit einem Kürzel bestehend aus drei Großbuchstaben versehen.

3.1.1. Website-Elemente der Kategorie Inhalt

Diese Kategorie subsumiert alle Elemente, denen in erster Linie eine inhaltlich-informative Funktionalität zu Grunde liegt. Innerhalb dieser Studie sind dies die Elemente Gästebuch, Raumplan und Impressionen.

GÄB   Die Internetseite bietet die Möglichkeit zur Interaktion über ein Gästebuch.

Bei einem Gästebuch handelt es sich um ein Website-Element mit Interaktivitätsfunktion. Der Interaktivität kommt deshalb besondere Bedeutung zu, da sie der Hauptbestandteil ist, der das Medium Internet von anderen klassischen Medien abhebt.[63] Daneben begünstigt die Interaktivität des Gästebuchs die Individualisierung in der Kundenkommunikation[64] und kann so zu einem höheren Identifikationsgrad mit der Seite und der (den) darauf angebotenen Ferienwohnung(en) beitragen. Daneben führen Seiten mit hohem Interaktivitätsniveau zur besseren Verarbeitung der dargestellten Informationen.[65] Wie man nicht zuletzt am rasanten Wachstum der Blogger-Community[66] erkennen kann, scheinen Surfer im WWW ein besonderes Interesse daran zu haben, ihre Meinung zu veröffentlichen

---

[62] Vgl. Kirchmair, R.; Weis, M. (2000), S. 63.
[63] Vgl. Liebmann, H.; Foscht, T.; Ulrich, C. (1999), S. 37.
[64] Vgl. Frosch-Wilke, D.; Raith, C. (2002), S. 3.
[65] Vgl. Bauer, H.; Meeder, U.; Rennert, S. (2001), S. 73.
[66] Vgl. Müller-Scholz, W. (2004), S. 159.

um den sog. Ich-war-hier-Effekt zu erzeugen.[67] Dieses Bedürfnis können Vermieter von Ferienwohnungen ausnutzen, um die Surfer länger auf ihrer Website zu halten und somit die emotionale Bindung der Besucher zum Internetauftritt zu erhöhen. Da nach dem Modell der Verarbeitungstiefe die Intensität der Auseinandersetzung eine entscheidende Determinante für eine positive Wahrnehmung der Rezipienten darstellt, kann so die Einstellung zur Website positiv beeinflusst werden.[68] Streng genommen stellt die Wahrnehmung als wertungsfreie Aufnahme von Produktmerkmalen für einen Rezipienten eine direkte Voraussetzung zur Bildung seiner Einstellung gegenüber einem Produkt dar.[69] Diese Einstellungsbildung erfolgt unter Berücksichtigung seiner subjektiven Bewertung der aufgenommenen Information und wäre deshalb von der wahrgenommenen Qualität zu differenzieren. Da in der vorliegenden Arbeit allerdings die wahrgenommene Qualität einer Website nie ohne persönliche Wertung beurteilt werden kann, ist es in diesem speziellen Kontext nicht nötig, zwischen wahrgenommener Qualität der Website und der Einstellung zur Website zu differenzieren.[70]

Eine weitere Tatsache ist in diesem Zusammenhang ebenfalls relevant. Wenn sich Internetnutzer auf die Informationssuche über Produkte und Dienstleistungen machen, legen sie größten Wert auf Objektivität.[71] Über ein Gästebuch, in dem Vermieter auch objektiv verfasste, negative Kommentare und Anregungen zulassen, kann Besuchern ein neutraler und auch objektiver Mehrwert vermittelt werden.

RPL   Die Aufteilung der angebotenen Wohnung wird mithilfe eines grafischen Raumplans veranschaulicht.

Die Integration eines grafischen Raumplans kann, im Gegensatz zur rein textuellen Darstellung von Wohnungseigenschaften, zu einer besseren Visualisierung des angebotenen Produktes beim Besucher beitragen.[72] Wie zahlreiche Untersu-

---

[67] Vgl. Stolpmann, M. (1999), S. 212.
[68] Vgl. Esch, F.; Kiss, G. (2006), S. 101.
[69] Vgl. Gierl, H. (1995), S. 38.
[70] Vgl. Bambauer, S. (2003), S. 14.
[71] Vgl. Geißler, H.; Donath, T., Jaron, R. (2003), S. 46.
[72] Vgl. Mu, E.; Galletta, D. (2002), S. 1.

chungen belegen, können Werbestimuli, wie besonders detailreiche Abbildungen, die die Entstehung innerer Vorstellungsbilder fördern, die Einstellung des Rezipienten zum beworbenen Produkt positiv beeinflussen.[73] Dies trifft auf einen Raumplan zweifelsohne v. a. dann zu, wenn er zusätzlich zum Schnitt der Wohnung auch deren Einrichtung abbildet. Zudem werden Bilder nach Kroeber-Riel, W.; Esch, F. (2004) schnell und weitgehend automatisch verarbeitet und werden deshalb auch als „schnelle Schüsse ins Gehirn"[74] bezeichnet. Auch deshalb haben Bilder unabhängig von der Art des Übertragungsmediums generell ein besseres Potenzial als Texte, die Aufmerksamkeit eines Lesers zu erregen und als Eye-Catcher zu fungieren.[75] Dies ist v. a. deshalb besonders wichtig, da Internetnutzer sehr ungeduldig sind und somit die ersten Sekunden auf einer Homepage die wichtigsten sind.[76] Ein Raumplan eignet sich aufgrund seiner Eye-Catcher-Eigenschaft hierzu folglich besser als zeitlich aufwändiger zu lesende textuelle Informationen über den Aufbau und die Einrichtung einer Ferienwohnung. Ein Nutzer benötigt für die mentale Aufnahme eines Bildes lediglich 1,5 bis 2,5 Sekunden, wohingegen in dieser Zeit gerade mal sieben bis zehn Worte erfasst werden können.[77] Diese haben in der Regel wesentlich geringere Aussagekraft als die bildliche Darstellung, was nicht zuletzt zum allseits bekannten Sprichwort, „Ein Bild sagt mehr als tausend Worte" geführt hat.

Der zeitliche und daraus resultierende potenzielle Nutzengewinn, der sich möglicherweise auf die kognitive Einstellungskomponente auswirken kann, wurde bezüglich Raumplänen bei Ferienwohnungen in der Literatur bisher nicht untersucht. Allerdings sollte aufgrund der dargestellten Argumentation davon auszugehen sein, dass ein grafisch aufbereiteter Raumplan statt bloßer Textdarstellung ebenfalls einen positiven Einfluss auf die Einstellung des Besuchers zur Website ausüben kann.

---

[73] Vgl. Esch, F.; Kiss, G. (2006)S. 101.
[74] Kroeber-Riel, W.; Esch, F. (2004), S. 153.
[75] Vgl. Schießl, M.; Duda, S., (2005), S. 60.
[76] Vgl. Schmeißler, D.; Sauer, H. (2003), S. 55.
[77] Vgl. Kroeber-Riel, W.; Esch, F. (2004), S. 153.

IMP Auf allen Seiten werden an identischer Position zusätzlich Impressionen, wie Bilder der Umgebung, reine Stimmungsbilder oder Aufnahmen von Freizeitmöglichkeiten angezeigt.

Da bei Websites der zur Verfügung stehende Raum im Gegensatz zu traditionellen Printmedien nicht von vorneherein begrenzt ist, können zahlreiche Bilder verwendet werden, um dem Besucher zusätzliche Eindrücke zu vermitteln.[78] Wie in vielen Arbeiten argumentiert wird, müssen Internetseiten ähnlich zu Schaufenstern eines Geschäfts, nach wenigen Augenblicken das Interesse des Besuchers wecken und ihn neugierig machen.[79] Dies kann über zusätzliche bildhafte Impressionen als aktivierungsstarke Elemente auf der Seite erreicht werden, da ansprechende Bilder als eine Art Blickfänger mit einer Fixationshäufigkeit von 54 % zu Beginn des Website-Besuchs das mit Abstand am häufigsten fixierte Website-Element überhaupt darstellen.[80] Da 75 % menschlicher Entscheidungen emotional beeinflusst getroffen werden und Bilder wesentlich besser geeignet sind, Emotionen hervorzurufen als Text[81], kann über die Verwendung emotional ansprechender Stimmungsbilder die Einstellung des Besuchers zum dargestellten Produkt und damit potenziell auch die Buchungsabsicht positiv beeinflusst werden. Hinzu kommt die Tatsache, dass das Lesen des eigentlichen textuellen Seiteninhalts erst nach einer systematischen Auswertung des Seitenaufbaus, einer Art Screeningphase, erfolgt.[82] Dies führt dazu, dass die während dieser Phase unterbewusst erfassten Impressionen bereits einen emotionalen Beitrag zur wahrgenommenen Qualität der Website leisten können, bevor der eigentliche Inhalt der Seite näher betrachtet wird. Da Bilder generell die Besucher aktivieren und einen hohen Erlebnis- und Unterhaltungswert haben, können sie den Erinnerungs- und Wiedererkennungseffekt einer Website deutlich erhöhen.[83] Besonders gut eigenen sich hierzu aktivierende Bilder von Freizeitaktivitäten oder auch affektiv ansprechende Stimmungsbilder wie beispielsweise Naturaufnahmen.

---

[78] Vgl. Luzar, K. (2004), S. 81.
[79] Vgl. z. B. Schmeißler, D.; Sauer, H. (2003), S. 55.
[80] Vgl. Silberer, G.; Engelhardt, J.; Krumsiek, M. (2003), S. 160.
[81] Vgl. Holland, H. (2002), S. 41.
[82] Vgl. Schmeißler, D.; Sauer, H. (2003), S. 56 f.
[83] Vgl. Holland, H. (2002), S. 41.

3.1.2. Website-Elemente der Kategorie Navigation

Die Elemente, die die Navigationsmöglichkeiten auf der Website beeinflussen, werden in dieser Kategorie zusammengefasst. In der vorliegenden Arbeit beinhaltet dieser Unterpunkt die Bestandteile Zusatznavigation und Suchfunktion.

ZNV Neben der Hauptnavigation wird auf der Website eine weitere Navigationsmöglichkeit, wie beispielsweise ein Klickpfad oder ein Zusatzmenü zum Vor- bzw. Zurückblättern angeboten.

Eine Internetseite sollte schnellen und einfachen Zugriff auf die enthaltenen Informationen erlauben und so dem Benutzer ein naives Navigieren ermöglichen.[84] Nachdem die einzelnen Pages einer Website einander häufig sehr ähnlich sehen und meist nur Überschriften und ein fest vorgegebener Inhaltsbereich während der Navigation durch die verschiedenen Unterseiten variieren, besteht die Gefahr, das Explorationsbedürfnis des Benutzers zu vernachlässigen, da sich dieser möglicherweise seiner aktuellen Position innerhalb der Seitenstruktur nicht mehr bewusst ist.[85] Dabei hat der Benutzer im Gegensatz zu Printmedien zu Beginn seiner Interaktion mit dem Hypertext keinerlei Information über dessen Gesamtheit, was beim Treffen von Navigationsentscheidungen schnell für Verwirrung sorgen kann.[86] Diese schlechte Orientierung innerhalb der Website, die die Interaktion erschwert und so die Stimmung der Surfer negativ beeinflusst, kann wiederum die Bereitschaft zur weiteren Nutzung und somit auch zu einer potenziellen Buchung reduzieren.[87] Um das empfundene Maß an Kontrolle beim Surfer zu erhöhen, kann die Integration von Klickpfaden, sog. Breadcrumbs, die dem Benutzer jederzeit verdeutlichen, wo er sich aktuell innerhalb der Seitenhierarchie befindet, sinnvoll sein. So hat der Konsument durch eine logisch aufgebaute Navigationssystematik eine bessere Orientierungsmöglichkeit, was ihm wiederum eine gezieltere Informationssuche ermöglicht.[88] Wie Studien ergeben haben, erhöht die Integration einer Breadcrumb-Navigation außerdem die Effizienz einer

---

[84] Vgl. Stowasser, S. (2002), S. 52.
[85] Vgl. Geißler, H.; Donath, T., Jaron, R. (2003), S. 48.
[86] Vgl. Crijns, R.; Thalheim, J. (2006), S. 153.
[87] Vgl. Silberer, G.; Mau, G. (2003), S. 17.
[88] Vgl. Bauer, H.; Meeder, U.; Rennert, S. (2001), S. 71.

Website, da Nutzer schneller an ihr Ziel kommen.[89] Eine Navigationbar mit Elementen zum Vor- und Zurückblättern, sowie einem Link zum übergeordneten Kapitel, kann ebenfalls die Navigation im Hypertext erleichtern[90] und so die Einstellung des Besuchers zur Website verbessern. Wie die Usability-.Forschung gezeigt hat, ist eine schnelle Orientierung und einfache Navigation die beste Voraussetzung für eine positive Wahrnehmung der Qualität einer Website[91], insbesondere deshalb, weil Surfer fast ein Drittel ihrer Online-Zeit der Navigation widmen.[92]

SFK   Die Website verfügt über eine seiteninterne Suchfunktion.

Aus dem Nichtauffinden der auf einer Website gesuchten Information und der damit verbundenen Unlösbarkeit der sich selbst gestellten Aufgabe resultiert schnell eine Art Frustration bei vielen Internetnutzern.[93] Ein auf jeder Seite sichtbares Suchfeld kann diesen Frustrationseffekt vermeiden und darüber hinaus durch seine Interaktivität die Einstellung zur Website, sowie die Wiederbesuchsabsicht erhöhen.[94] Weiterhin kann eine auffällige Suchfunktion eine entscheidende visuelle Wirkung auf den Besucher haben.[95] Wie die Ergebnisse einer Studie von Silberer, G.; Mau, G. (2003) zeigen, herrscht eine sehr geringe Motivation zur händischen Informationssuche auf Websites bei den Internetnutzern vor, was wiederum dazu führt, dass die Verweildauer der Besucher auf der Website zurückgeht und dadurch weniger Inhalte wahrgenommen werden.[96] Auch diese Problematik kann mit der Integration einer Suchfunktion adressiert werden. Dabei ist es durchaus möglich, dass eine vorhandene Suchfunktion – auch ohne dass eine direkte Nutzungsabsicht seitens des Website-Besuchers vorliegt – eine positive emotionale Einstellungsänderung hervorruft, da der Nutzer so das Gefühl hat, Informationen bei Bedarf schneller finden zu können. Nachdem Suchmaschi-

---

[89] Vgl. Hull, S. (2004), S. 1.
[90] Vgl. Stowasser, S. (2002), S. 55.
[91] Vgl. Schmeißler, D.; Sauer, H. (2003), S. 56.
[92] Vgl. Silberer, G.; Engelhardt, J.; Krumsiek, M. (2003), S. 154.
[93] Vgl. Stowasser, S. (2002), S. 54.
[94] Vgl. Bauer, H.; Meeder, U.; Rennert, S. (2001), S. 71.
[95] Vgl. Steidinger, G. (2005), S. 34.
[96] Vgl. Silberer, G.; Mau, G. (2003), S. 18.

nen außerdem im WWW mittlerweile nicht nur ein unverzichtbares Werkzeug zur Erleichterung der Informationssuche geworden sind, sondern auch auf immer mehr Webseiten intern eingesetzt werden[97], kann die Erwartungshaltung von Besuchern der Website schnell enttäuscht werden, wenn auf einem bestimmten Internetauftritt diese Funktionalität fehlt. Diese Tatsache kann sich wiederum negativ auf die wahrgenommene Qualität der Seite und damit auf die Einstellung zur Website auswirken.

3.1.3. Website-Elemente der Kategorie Layout

Bei dieser Kategorie handelt es sich um die Zusammenfassung aller Elemente, die grafischer oder gestalterischer Natur sind. Unter den vorgestellten Elementen fallen die besonderen grafischen Gestaltungselemente und ein grafisches Logo in diese Kategorie.

GGE   Der Webauftritt ist mit aufwändigen grafischen Gestaltungselementen, wie Verläufen, besonderer Hintergrundgrafik oder beispielsweise abgerundeten Ecken bei Bildern ausgestattet.

Wie Studien von Bauer, H.; Meeder, U.; Rennert, S. (2001) gezeigt haben, stellt für 91 % der Befragten die visuelle Umsetzung eines Internetauftritts eine wichtige Determinante des Werbeerfolgs dar.[98] Hierbei ist eine genaue Abgrenzung der grafischen Gestaltungselemente im Sinne von Website-Elementen nicht ganz einfach, da gerade ästhetisch-emotionale Bestandteile, wie das Webdesign an sich, schwer objektiv definierbar sind. Um dennoch eine objektive Betrachtung zu ermöglichen, wurde der Rahmen der Gestaltungselemente für die weiteren Untersuchungen, wie oben angegeben, näher definiert als die Verwendung von Farbverläufen anstatt rein plakativer Farbgebung, der Einbezug von Hintergrundgrafiken wie Duplexbildern und die Verwendung von geschwungenen Elementen sowie abgerundeten Ecken bei Bildern, welche im Internet aufgrund der technischen Restriktionen des CSS-Boxmodells[99] nur äußerst schwierig und mit zusätzlichem Aufwand grafisch darstellbar sind. Die Ergebnisse einer Studie von

---

[97] Vgl. Stowasser, S. (2002), S. 55.
[98] Vgl. Bauer, H.; Meeder, U.; Rennert, S. (2001), S. 72.
[99] Vgl. Münz, S. (2005), S. 123 ff.

Silberer, G.; Engelhardt, J.; Krumsiek, M. (2003) belegen, dass die grafische und farbliche Gestaltung von Website-Elementen Einfluss auf das Blickverhalten der Probanden und damit auf die Wahrnehmung der Website insgesamt ausübt.[100] Das spezifische Layout einer Website wirkt sich allerdings nicht nur unter ästhetischen Gesichtspunkten auf das Rezeptionsverhalten der Surfer aus, sondern beeinflusst aufgrund seiner Orientierungsfunktion auch die subjektiv wahrgenommene Nutzerfreundlichkeit der Website und damit auch ihre wahrgenommene Qualität.[101] Somit kann sich die aufwändige grafische Gestaltung eines Internetauftritts ebenfalls positiv auf die Einstellung des Besuchers zur Website auswirken.[102]

LOG Ein grafisch gestaltetes Logo wird auf allen Seiten als Wiedererkennungspunkt verwendet.

Folgt man der Auffassung von Stowasser, S. (2002), sollte das Seitenlayout im Sinne einer benutzerfreundlichen und ergonomischen Oberflächengestaltung an gleichbleibender Position ein Logo enthalten.[103] Durch ein in diesem Sinne richtig positioniertes Logo kann die visuelle Wirkung einer Website gesteigert werden.[104] Hierbei kann unterschieden werden zwischen abstrakten Markenzeichen, konkreten Wort-Bild-Zeichen und Präsenzsignalen. In diesem Zusammenhang ist jedoch anzumerken, dass Wort-Bild- und Präsenzzeichen den Zugriff auf die Marke erleichtern können, da das Gehirn auf konkrete Bilder wesentlich leichter zugreifen kann als auf reine Sprache und abstrakte Zeichen. Durch diese formale Integration wird primär die Marke im Gedächtnis des Kunden verankert.[105] Weiterhin zieht ein Logo nicht nur die Aufmerksamkeit des Besuchers auf sich, sondern kann auch den Wiedererkennungseffekt der Website und des assoziierten Produkts steigern.[106] Da schließlich oftmals der erste Eindruck von entscheidender Bedeutung für die subjektive Beurteilung eines Gegenstands oder auch einer

---

[100] Vgl. Silberer, G.; Engelhardt, J.; Krumsiek, M. (2003), S. 153.
[101] Vgl. Schmeißler, D.; Sauer, H. (2003), S. 59.
[102] Vgl. Gierl, H.; Bambauer, S. (2001), S. 60.
[103] Vgl. Stowasser, S. (2002), S. 52.
[104] Vgl. Steidinger, G. (2005), S. 34.
[105] Vgl. Kroeber-Riel, W.; Esch, F. (2004), S. 117 ff.
[106] Vgl. Mu, E.; Galletta, D. (2002), S. 1.

Website ist und das Vorhandensein eines Logos oftmals über den ersten Eindruck einer Website entscheidet[107], kann dieses auch einen positiven Effekt auf die wahrgenommene Website-Qualität ausüben. Unabhängig vom bereits erklärten Sachverhalt kommt einem Logo, als einem markanten Bestandteil der CI eines Anbieters, eine besondere Bedeutung zu. Dies gilt v. a. dann, wenn Vermieter zwar in Anschreiben und Prospekten mit vorhandenem Logo oder Schriftzug werben, sich im Internet hingegen ohne Logo präsentieren. Die fehlende Einheitlichkeit kann schnell dazu führen, dass die Besucher den Webauftritt als inkonsistent einstufen[108], was in jedem Fall zu vermeiden ist.

Um eine bessere Modellvorstellung zu erhalten, werden im nächsten Abschnitt die Interdependenzen der vorgestellten Einflussfaktoren und ihre funktionale Beziehungen zusammengefasst. Davor sei an dieser Stelle allerdings noch kritisch angemerkt, dass das Top-Down-Vorgehen bei der Auswahl der Website-Elemente in der vorliegenden Arbeit zwar zu einer theoretisch fundierten Auswahl von untersuchbaren Komponenten geführt hat, diese aber nicht sicher als die für die Zielgruppe wichtigsten Elemente eingestuft werden können. Hier wäre in einem erweiterten Rahmen der Arbeit zuvor ein Pretest zur Bottom-Up-Auswahl potenziell zu untersuchender Bestandteile möglich.

3.2. Funktionale Beziehungen

Wie ausführlich argumentiert wurde, ist eine Beeinflussung der wahrgenommenen Website-Qualität durch die vorgestellten Faktoren möglich. Nachfolgend wird auf Basis der definierten Größen ein Werbewirkungsmodell erarbeitet. Aufgrund der Vielfalt der Einflussfaktoren sollte bei einer Abbildung der funktionalen Komponenten allerdings berücksichtigt werden, dass grafische Elemente zwar, wie oben erwähnt, die Orientierungswirkung auf der Website unterstützen aber trotzdem aufgrund ihres visuellen Charakters den Besucher auch auf eine ästhetisch-emotionale Weise ansprechen. Diese Dualität ist eine Besonderheit der Einstellung in ihrer Eigenschaft als aktivierendem Vorgang, da Einstellungen sowohl von einer positiven oder negativen emotionalen Haltung gegenüber einem Gegens-

---
[107] Vgl. Crijns, R.; Thalheim, J. (2006), S. 152.
[108] Vgl. Gierl, H. (2003), S. 50 f.

tand geprägt werden können aber auch in erheblichem Maße kognitive Komponenten umfassen.[109] Das mögliche Wirkungsmodell berücksichtigt deshalb beide Elemente als Bestanteil der wahrgenommenen Website-Qualität. Zur Komplexitätsreduktion des Modells werden allerdings lediglich die funktionalen Beziehungen zwischen Website-Elementen und der Einstellung des Besuchers zur Website in ihrer Gesamtheit betrachtet. Darin enthalten sind sowohl Auswirkungen auf den emotionaler Eindruck der Website, als auch die eher kognitiv geprägte Beeinflussung des wahrgenommenen Informationsgehalts der Website. Die Einstellung gegenüber dem Objekt Webseite setzt sich also zusammen aus dem Wissen der Besucher über bestimmte Eigenschaften – der kognitiven Komponente – und aus deren ausschließlich subjektiver Bewertung, die auch als affektive Komponente bezeichnet wird.[110] Die kognitive oder emotionale Beeinflussung der Einstellung erfolgt dabei überwiegend durch sprachliche oder bildliche Kommunikation, hier durch Betrachten einer bestimmten Ausprägung von Website-Elementen.[111]

Da es sich bei den zu untersuchenden Website-Elementen um keine extrem interaktivitätssteigernden Bestandteile handelt, kann davon ausgegangen werden, dass den beschriebenen Einflussgrößen ein dem klassischen Werbemitteln ähnliches Werbewirkungsmodell zugrunde liegt.[112] Abb. 4 fasst die bisher gewonnenen Erkenntnisse für die Werbewirkung von Website-Elementen im Medium Internet zusammen. Die als durchgezogene Pfeile dargestellten Inderdependenzen der linken Hälfte des Modells, die die primäre Untersuchungsgrundlade der vorliegenden Arbeit bilden, wurden bereits erschöpfend erläutert. Es folgt deshalb eine theoretische Begründung für die in der rechten Hälfte der Grafik abgebildeten gestrichelten Pfeile, also der Auswirkungen der wahrgenommenen Website-Qualität auf die letztlich ökonomisch relevanten Größen des Modells. Studien von Bambauer, S. (2003) haben am Beispiel der Internetauftritte von Skigebieten gezeigt, dass Besucher von Webseiten des Tourismussektors die wahrgenomme-

---

[109] Vgl. Kroeber-Riel, W.; Weinberg, P. (2003), S. 168.
[110] Vgl. Berekoven, L.; Eckert, W.; Ellenrieder, P. (1991), S. 82.
[111] Vgl. Kroeber-Riel, W.; Weinberg, P. (2003), S. 205 f.
[112] Vgl. Bambauer, S. (2003), S. 44.

ne Gesamtqualität der betrachteten Websites auch auf die Qualität der präsentierten Produkte übertragen.[113]

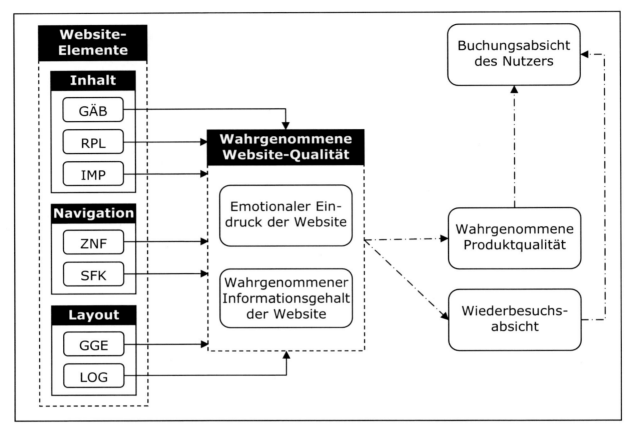

Abb. 4: Werbewirkungsmodell für Website-Elemente

Die Einstellung gegenüber dem angebotenen Produkt – hier der Ferienwohnung – entsteht beim Konsumenten durch das Zusammenwirken der beschriebenen emotionalen affektiven und der kognitiven Komponenten und ist wesentlich für die Kaufabsicht[114], die in Abb. 4 unter Berücksichtigung des immobilen Charakters von Ferienwohnungen als Buchungsabsicht bezeichnet wurde.

Für den andauernden Erfolg einer Website spielt allerdings auch die Wiederbesuchsabsicht der Besucher eine große Rolle, da das Anziehen neuer Besucher grundlegend mit höherem Aufwand verbunden ist.[115] Im Gegensatz zu klassischen Werbemitteln beeinflussen im Internet nicht nur primär emotionale Komponenten den entscheidenden Eindruck auf das Gefallen einer Website und damit

---

[113] Vgl. Bambauer, S. (2003), S. 157.
[114] Vgl. Kroeber-Riel, W.; Weinberg, P. (2003), S. 615.
[115] Vgl. Zhang, P.; von Dran, G. (2001), S. 1.

auf die Absicht, diese wieder zu besuchen[116], sondern auch Bestandteile der Kategorie Inhalt, unter die auch interaktive Komponenten wie ein Gästebuch fallen.[117] Somit kann davon ausgegangen werden, dass die Verbesserung der Einstellung der Besucher zur Website sich auch positiv auf die Wiederbesuchsabsicht und damit potenziell auf eine zu einem späteren Zeitpunkt generierte Buchung auswirken kann.

Daneben stellt die Wiederbesuchsabsicht, wie beispielsweise auch die Verweildauer der Besucher ein grundlegendes psychometrisches Ziel des medialen Nutzerverhaltens im Internet dar, auf das sich die vorgestellten Website-Elemente positiv auswirken können.[118] Bezüglich der Wiederbesuchsabsicht ist v. a. auch zu bedenken, dass viele Internetnutzer gerade das Vorliegen annähernd vollkommener Information und die draus resultierende Markttransparenz am Medium Internet sehr schätzen und deshalb vor einer Buchung fast immer konkurrierende Angebote anderer Anbieter vergleichen. Eine Website, die während dieser Vergleichsphase einen besonders hohen qualitativen Eindruck bei ihrem Besucher hinterlassen hat und für die er somit Wiederbesuchsabsichten hegt, dürfte somit – sofern sie bezüglich anderer Entscheidungsmerkmale wie Preis, Ausstattung, etc. konkurrenzfähig ist – auch diejenige sein, auf der er letztlich seine Buchung tätigen wird.

---

[116] Vgl. Grösswang, B.; Kurz, H. (2000), S. 14.
[117] Vgl. Abschnitt. 3.1.1.
[118] Vgl. Bauer, H.; Meeder, U.; Rennert, S. (2001), S. 71.

4. Messtheoretische Überlegungen

Um anschließend auf Basis des im vorangegangen Abschnitt geschaffenen Modells Hypothesen ableiten zu können, werden nun einige messtheoretische Überlegungen angestellt. Neben einer Auswahl potenzieller Messverfahren für das vorgestellte Modell werden auch Indikatoren für die darin enthaltenen Einflussgrößen bzw. Variablen näher betrachtet. Bevor eine empirische Studie durchgeführt werden kann, muss allerdings zunächst eine grundlegende Entscheidung über das zu verwendende Erhebungsverfahren getroffen werden

4.1. Erhebungsmethoden

In der klassischen Marketingforschung kommen prinzipiell zwei Erhebungsmethoden zur Eruierung der relevanten Sachverhalte in Frage, die Beobachtung und die Befragung.[119] Im Internet kommt noch eine weitere äußerst relevante Erhebungsmethode hinzu, die Logfile-Auswertung. Die am häufigsten verwendete Ausprägung dieser Methode zur Datenerfassung ist aktuell die serverseitige Logfile-Analyse. Bis vor einigen Jahren wurden auch von kommerziellen Seiten noch sichtbare oder unsichtbare Digit-Counter verwendet.[120] Diese Technik hat aufgrund ihres wenig informativen Charakters allerdings inzwischen fast überall ausgedient. Dies liegt nicht zuletzt an der Tatsache, dass es mithilfe des im Internet am häufigsten verwendeten WWW-Servers, des sog. Apache-Webservers[121], mit sehr geringen Aufwand möglich ist, eine Vielzahl von Besucherinformationen durch die Auswertung von Server-Logfiles zu erfassen.[122] Hierunter fallen neben offensichtlich nötigen Informationen wie Name und Größe der abgerufenen Seiten sowie der genauen Uhrzeit der einzelnen Seitenabrufe auch nicht so augenscheinliche Daten, wie der Computername des anfragenden Rechners, dessen IP-Adresse oder sogar der sog. Referrer, also die Seite, von der ein Besucher kam, als er die fragliche Website aufgerufen hat. Mit Hilfe von kleinen Textdateien, sog. Cookies, die lokal auf dem Computer des Besuchers

---

[119] Vgl. Berekoven, L.; Eckert, W.; Ellenrieder, P. (1991), S. 88.
[120] Vgl. Fritz, W. (2001), S. 100.
[121] Vgl. Ford, A. (2001), S. 5.
[122] Vgl. Münz, S. (2005), S. 484 f.

gespeichert werden, können diese Informationen darüber hinaus zu Benutzerprofilen verknüpft werden.[123] Die Verwendung kostenlos verfügbarer Analyse-Tools, wie beispielsweise AWStats [8] oder Webalizer [19], erlauben es darüber hinaus, diese rein textuell vorliegenden Datenmengen zu aggregieren und anschließend grafisch aufbereitet darzustellen. Weiterhin können unter Verwendung dieser Hilfsprogramme in Tracking-Analysen auch potenzielle Besucherpfade innerhalb der Seitenstruktur ermittelt werden. Seit Kurzem ist diese Form der Analyse sogar für kleinere Seitenbetreiber kostenlos und ohne direkten Zugriff auf Serverlogfiles möglich. Der in kürzester Zeit sehr populär gewordene Service Google-Analytics [9] bietet eine gleichwertige bzw. zum Teil sogar noch vielfältigere Analysefunktion durch die Integration eines unsichtbaren Javascript-Codes in die eigenen HTML-Seiten.

Der große Nachteil der beschriebenen Verfahren besteht allerdings darin, dass die Anzahl der Seitenaufrufe, die im Fachjargon als Pageimpressions bezeichnet wird, nur wenig Aufschluss über die Beweggründe der Nutzer und über die von ihnen wahrgenommene Website-Qualität liefert.[124] Zwar gibt es einige Studien, die anhand von Logfiledaten die Ableitung von Effektivitätsfunktionen im Zusammenhang mit Gestaltungselementen von Webseiten analysieren[125], allerdings ist dieses Vorgehen für die hier zu untersuchende Thematik aufgrund seines computergenerierten Analyserahmens ungeeignet.

Um eine bessere Aussage über die Benutzerwahrnehmung treffen zu können, wäre beispielsweise eine Expertenbefragung, z. B. unter Verwendung der Delphi-Methode denkbar.[126] Da im vorgestellten Modell allerdings eine ganz bestimmte Zielgruppe, nämlich potenzielle Feriengäste adressiert werden sollen, ist auch diese Methode nicht optimal als Verfahren geeignet. Weiterhin wäre eine Expertenbefragung auch aufgrund auftretender Objektivitäts-, Realibilitäts- und Valititätsprobleme fraglich, da in der vorliegenden Arbeit normative Aussagen auf Basis empirischer Daten abgeleitet werden.[127] So lassen sich Expertenrankings

---

[123] Vgl. Stolpmann, M. (1999), S. 152.
[124] Vgl. Kirchmair, R.; Weis, M. (2000), S. 63.
[125] Vgl. Bambauer, S. (2003), S. 81 f.
[126] Vgl. Knapp, F.; Wachter, B. (2000), S. 73.
[127] Vgl. Bambauer, S. (2003), S. 83.

zwar einsetzen, um gestalterische oder technische Mängel zu beseitigen, eine empirische Überprüfung können sie allerdings nicht ersetzen.[128] Deshalb ist eine Untersuchung in der Zielgruppe vermutlich besser geeignet, die Zielsetzung der Arbeit zu unterstützen.

Bei einer Überprüfung der Qualität einer Website sollte das Untersuchungsdesign wenn möglich an die spezifische Interaktivität der Internetnutzung angepasst werden, da die sog. Human Computer Interaction einen wesentlichen Bestandteil dieser Tätigkeit ausmacht.[129] Zur Messung des Blick- und Klickverhaltens von Website-Besuchern kommen prinzipiell Eyetracking-Systeme in Frage, die computergestützt die einzelnen Fixationen der Nutzer erfassen und auf Basis von vordefinierten Bereichen, die auch als Areas of Interest bezeichnet werden, bezüglich Reihenfolge, Anzahl und Dauer auswerten.[130] Die Ergebnisse dieser Datenerfassung können Auskunft über die Relevanz der Website-Elemente geben und lassen über Klickraten potenziell auch einen Aufschluss über die wahrgenommene Qualität der Website zu. Problematisch hierbei ist, dass die Ergebnisse dieser Laboruntersuchung in starkem Maße vom Einsatz zuverlässiger Messinstrumente abhängen.[131] Diese stehen im Rahmen der vorliegenden Studie leider nicht zur Verfügung, weshalb die Erhebungsmethode ausgeschlossen werden muss.

Eine weitere Methode zur prototypischen Evaluation von Websites stellen Online-Fokusgruppen dar. Diese abgekürzt als OFGs bezeichnete Variante der traditionellen Face-to-Face-Fokusgruppen ist ohne ausgiebiges Training allerdings nur schwer auf eine Zielgruppe mittleren bis höheren Alters, wie Feriengäste übertragbar[132], was ebenso ein Ausschlusskriterium darstellt, wie die bereits angesprochenen anderen Problemfelder.

Berücksichtigt man die in Kap. 2.2 aufgeworfenen Fragestellungen, die parallel zur Hauptuntersuchung analysiert werden sollen, würde sich ein kombiniertes

---

[128] Vgl. Kirchmair, R.; Weis, M. (2000), S. 67.
[129] Vgl. Kirchmair, R.; Weis, M. (2000), S. 63.
[130] Vgl. Silberer, G.; Mau, G. (2003), S. 157.
[131] Vgl. Schmeißler, D.; Sauer, H. (2003), S. 55.
[132] Vgl. Yom, M.; Holzmüller, H. (2002), S. 66 ff.

Verfahren aus Website-Test mittels Online-Panel[133] und einer Form eines standardisierten Fragebogens anbieten. Ein standardisierter Fragebogen besteht zum großen Teil aus im Voraus festgelegten Fragestellungen mit vorgegebenen Antwortmöglichkeiten fester Reihenfolge, weshalb auf diese Weise auch Daten aus großen Stichprobenumfängen mit Kosten- und Zeitersparnis und v. a. auch unter Gewährleistung der Anonymität der Befragten erhoben werden könnten.[134] Da die anschließende empirische Studie in Kooperation mit einem Praxispartner erfolgt, ist besonderes Augenmerk auf die Sicherung der Anonymität der Probanden zu legen. Von Vorteil an der Kooperation mit einem Vermieter von Ferienwohnungen ist hierbei, dass auf einen aktuellen Datenbestand von Personen zurückgegriffen werden kann, die bereits Interesse an der Buchung einer Ferienwohnung gezeigt haben. Da auch von Personen, die nicht über das Internet sondern beispielsweise über Telefon oder Fax angefragt haben, häufig dennoch E-Mail-Adressen vorliegen, bietet sich in diesem Zusammenhang, unter Berücksichtigung von ökonomischen Aspekten der Distribution[135], insbesondere bei der vorliegenden Analyse von Internetseiten, eine Online- oder E-Mail-Befragung an. Zweitere, häufig auch als Electronic Mail Survey (EMS) bezeichnete Befragungsmethode[136], soll in diesem Fall verwendet werden, da bei direkten Online-Panel-Untersuchungen häufig das Problem besteht, dass auch bei einer gezielten Auswahl der Teilnehmer meist nur eine geringe Informationstiefe resultiert, da sich die Navigation der Teilnehmer während der Befragung weitgehende der Analyse entzieht.[137] Zwar kann eine direkte Untersuchung am lebendem Objekt, in diesem Fall der Website durchaus viele Vorteile mit sich bringen, allerdings ist hierbei auch zu berücksichtigen, inwiefern einzelne Website-Elemente bei der interaktiven Navigation durch prototypische Webseiten überhaupt noch als solche erkannt werden. Obwohl es für digitale Fragebögen durchaus Gegenargumente, wie beispielsweise die aufwändige Programmierung gibt[138], bietet diese Lösung

---

[133] Vgl. Kirchmair, R.; Weis, M. (2000), S. 67.
[134] Vgl. Gierl, H. (1995), S. 207 f.
[135] Vgl. Daibler, A.; Hemsing, W. (2005), S. 47.
[136] Vgl. Fritz, W. (2001), S. 98.
[137] Vgl. Kirchmair, R.; Weis, M. (2000), S. 67.
[138] Vgl. Bambauer, S. (2003), S. 85 f.

für die vorliegende Arbeit das höchste Potenzial zur einfachen und kostengünstigen Erreichung der Zielgruppe.

Analog zu klassischen Interviews muss auch der Fragebogen einer EMS attraktiv und so klar wie möglich gestaltet werden, um Abbrüche und Erklärungsbedarf zu minimieren, da im Gegensatz zu klassischen Erhebungsmethoden hierbei kein Interviewer zur Beantwortung von auftretenden Fragestellungen zur Verfügung steht.[139] Dabei sollten die befragten Personen zunächst mit einigen Informationen zum grundlegenden Ablauf der Studie versorgt werden, bevor sie mit den verschiedenen Website-Entwürfen konfrontiert werden.[140] Da für den Erfolg eines EMS-Fragebogens auch eine mediumspezifische Interaktivität und Multimedialität eine Rolle spielt[141], bietet sich die Umsetzung eines interaktiven standardisierten PDF-Fragebogens an, der per E-Mail an die Teilnehmer der Untersuchung verschickt wird. Neben der großen geografischen Reichweite hat der E-Mail-Versand den Vorteil, dass die Teilnehmer in der Regel relativ kurzfristig antworten, weshalb die Untersuchung sehr schnell durchgeführt werden kann.[142]

PDF-Formulare als weitverbreiteter Standard zeichnen sich, neben ihrer plattformübergreifenden Funktionalität, durch die relative Einfachheit in der Bedienung aus und stellen so auch für ältere Computernutzer keine Einstiegsbarrieren zur Teilnahme an der Untersuchung dar. Darüber hinaus kann durch die Verwendung von Pflichtfeldern und programmierten Validierungsregeln in PDF-Formularen die Anzahl der ungültigen Fragebogen auf Null reduziert werden. Die digitale Rücksendung der ausgefüllten Interview-Bögen ermöglicht weiterhin eine direkte Übernahme der Daten zur computerbasierten Auswertung in SPSS oder Excel. Auch hier können normalerweise vorhandene Fehlerpotenziale durch unnötige Medienbrüche bei der Datenübernahme ausgeschlossen werden.

Alles in allem lässt sich festhalten, dass es zur Analyse von Daten im Zusammenhang mit der Untersuchung von Internetseiten eine Vielzahl möglicher Erhebungsverfahren gibt, die sich unterschiedlich gut für die vorliegende Zielsetzung

---

[139] Vgl. Knapp, F.; Wachter, B. (2000), S. 73.
[140] Vgl. Bambauer, S. (2003), S. 84.
[141] Vgl. Knapp, F.; Wachter, B. (2000), S. 73.
[142] Vgl. Fritz, W. (2001), S. 98.

eignen. Der Einsatz einer EMS auf Basis aktueller Anfragedaten des Praxispartners bietet sich an, da schnell und kostengünstig eine sehr große Anzahl von Personen der Zielgruppe erreicht werden kann. Durch Verwendung eines PDF-Formulars als Fragebogen kann eine spätere Umfrage weiterhin unkompliziert und voll digital unter Vermeidung unnötiger Fehlerquellen durchgeführt werden. Um allerdings eine Analyse der Beeinflussung der wahrgenommen Website-Qualität bzw. der Einstellung der Besucher zur Website durch verschiedene Website-Elemente in einem PDF-Fragebogen zu ermöglichen, müssen noch eine Reihe weiterer Überlegungen angestellt werden.

4.2. Messverfahren

Die Erhebung der soziodemografischen Daten und der für die Website-Promotion relevanten Angaben der Testpersonen erfordert keinerlei besondere Überlegung zu möglichen Messverfahren, weshalb hierauf erst im Zusammenhang mit der empirischen Studie in Kap. 7 näher eingegangen wird. Um allerdings die Wirkung der einzelnen Website-Elemente und ihren Beitrag zur Einstellung des Besuchers gegenüber der Website zu messen, kommen grundsätzlich kompositionelle und dekompositionelle Messverfahren in Frage. Bei kompositionellen Verfahren bewerten die Probanden die einzelnen Website-Elemente jeweils alleinstehend, wobei anschließend anhand mathematischer Berechnungsverfahren aus den Einzelwertschätzungen ein Gesamtnutzen bestimmt werden kann. Dieses Verfahren ist allerdings mit größtem Erhebungsaufwand verbunden und kann außerdem zu systematischen Fehlern führen[143], weshalb es im Folgenden – wenn möglich – nicht zur Verwendung herangezogen werden soll. Für eine durchführbare Beurteilung des Einflusspotenzials von Website-Elemente ist weiterhin von entscheidender Bedeutung, dass die Testpersonen bei der Vielzahl der zu beurteilenden Elemente noch in der Lage sind, die aufgenommen Reize zu verarbeiten und – wenn auch nur unterbewusst – zwischen den verschiedenen Bestandteilen zu differenzieren. Da die Probanden möglicherweise gar nicht wissen, welche Wertschätzung sie einem bestimmten Website-Elemente beimessen, kann es in diesem Zusammenhang durchaus Sinn machen, ein dekompositionelles Messverfahren

---

[143] Vgl. Kroeber-Riel, W.; Weinberg, P. (2003), S. 317.

zu Rate zu ziehen, bei dem die Befragten lediglich den Gesamteindruck der Website und nicht die einzelnen Website-Elemente selbst bewerten.[144] Hierfür käme im Zusammenhang mit einer EMS u. a. eine Conjoint-Analyse in Frage, da es sich bei dieser multivariaten Analysemethode um das, im Zusammenhang mit der Untersuchung von Konsumentenpräferenzen am häufigsten verwendete Messverfahren handelt. Der Name des Verfahrens geht darauf zurück, dass die Probanden dazu gebracht werden, ihre Bedeutungszumessung für die jeweiligen Elemente gegeneinander abzuwägen (CONsider JOINTly).[145] Ein Vorteil dieses Verfahrens besteht v. a. darin, dass die Testpersonen keinerlei Wertschätzung zu Einzelkomponenten abgeben müssen, sondern lediglich verschiedene Varianten eines Internetauftritts, die jeweils gezielt eine Kombination ausgewählter Website-Elemente enthalten, in ihrer Gesamtheit beurteilen. Die Bewertung der Gesamtnutzeneinschätzungen kann dabei über Ratingskalen, Rangreihenbildung oder auch Paarvergleiche der verschiedenen Varianten erfolgen.[146] Die Conjoint-Analyse gibt letztlich Aufschluss darüber, in welchem Maße einzelne Merkmale oder Merkmalskombinationen eines Produkts oder auch einer Website vom Nutzer bevorzugt werden.[147] Ein weiterer entscheidender Vorteil des Verfahrens liegt darin, „dass die Befragten realitätsnahe Entscheidungen treffen müssen, da sie die verschiedenen fiktiven Produkte als Ganzes bewerten müssen."[148] Auf Basis der von einer Testperson beispielsweise während einer Rangreihenbildung abgegebenen ordinalen Gesamtnutzenurteile lassen sich anschließend metrische Teil- und gemittelte Gesamtnutzenwerte der einzelnen Komponenten bestimmen.[149]

4.3. Indikatoren

Die zentrale Zielsetzung der vorliegenden Arbeit besteht in der Wirkungsanalyse der in Kap. 11 vorgestellten Einflussgrößen auf die Einstellung zur betrachteten Website. Bei der Einstellung handelt es sich allerdings um ein der Emotion oder Motivation ähnliches theoretisches Konstrukt, das nicht physisch direkt beobacht

---

[144] Vgl. Backhaus, K.; Erichson, B.; Plinke, W.; Weiber, R. (1996), S. 497 f.
[145] Vgl. Daibler, A.; Hemsing, W. (2005), S. 47.
[146] Vgl. Backhaus, K.; Erichson, B.; Plinke, W.; Weiber, R. (1996), S. 508.
[147] Vgl. Daibler, A.; Hemsing, W. (2005), S. 47.
[148] Backhaus, K.; Erichson, B.; Plinke, W.; Weiber, R. (1996), S. 498.
[149] Vgl. Backhaus, K.; Erichson, B.; Plinke, W.; Weiber, R. (1996), S. 498.

werden kann.[150] Um diese Konstrukte dennoch im Marketingentscheidungsprozess betrachten zu können, werden Indikatoren zu ihrer Operationalisierung eingesetzt.[151] Indikatoren sind in diesem Kontext zu sehen als „unmittelbar messbare Sachverhalte, welche das Vorliegen der gemeinten, aber nicht direkt erfassbaren Phänomene"[152], wie beispielsweise der Einstellung gegenüber einer Website, anzeigen.

Prinzipiell können die zur Messung der Einstellung herangezogenen Größen in die physiobiologische Ebene, die Ebene der Beobachtung und die Ebene der subjektiven Erfahrung unterteilt werden.[153] Da ein Laborexperiment, in dem beispielsweise über die Indikatoren Pulsfrequenz oder Dermalreaktion ein Aufschluss über die Einstellungsänderung ermittelt werden könnte, aufgrund der Argumentation aus Abschnitt 4.1 nicht in Frage kommt, scheidet diese Methode aus. Auch eine Beobachtung ist bei Verwendung einer EMS aufgrund fehlender Möglichkeiten zur Fernerfassung von Indikatoren wie Mimik oder Gestik nicht möglich. Somit bleibt noch die Ebene der subjektiven Erfahrungen, bei der sich über Befragungen wie eine EMS in schriftlicher Form Indikatorgrößen erheben lassen. Grundsätzlich eignen sich für die Einstellungsmessung hierbei verschiedene eindimensionale, Multi-Item- und mehrdimensionale Verfahren[154], darunter auch die angesprochene Conjoint-Analyse.[155] Dabei ist das Conjoint-Verfahren dem Verfahren der multidimensionalen Skalierung ähnlich, bei der die einstellungsrelevanten Merkmale auch nicht von vorneherein bestimmt werden, sondern ebenfalls lediglich über Globalurteile ausgewertet werden.[156] Die Voraussetzungen der Conjoint-Analyse, dass sich die Beurteilungsobjekte aus Merkmalskombinationen ergeben, deren Ausprägungen nominalskaliert sind[157], ist bei Betrachtung des Vorhandenseins bestimmter Website-Elemente ebenfalls erfüllt. Besonders einfach gestaltet sich die Indikatormessung für Einstellung über den relativen Vergleich der Web-

---

[150] Vgl. Kroeber-Riel, W.; Weinberg, P. (2003), S. 189.
[151] Vgl. Gierl, H. (1995), S. 26 f.
[152] Kroeber-Riel, W.; Weinberg, P. (2003), S. 31.
[153] Vgl. Kroeber-Riel, W.; Weinberg, P. (2003), S. 191.
[154] Vgl. Gierl, H. (1995), S. 53
[155] Vgl. Kroeber-Riel, W.; Weinberg, P. (2003), S. 197.
[156] Vgl. Berekoven, L.; Eckert, W.; Ellenrieder, P. (1991), S. 81.
[157] Vgl. Gierl, H. (1995), S. 155.

seiten, da die befragten Personen hier lediglich beurteilen müssen, ob sie Website A der Website B, Website B der Website C, usw. vorziehen.[158] Somit würde sich also ein conjoint-basiertes Messverfahren innerhalb der durchzuführenden Erhebung für die Messung der Einstellung über die Indikatorwirkung der Rangreihenbildung eignen. Kritisch ist hierbei anzumerken, dass durch Verwendung einer ordinalen Rangreihe als Bewertungsinstrument natürlich nur ein relativer Teilnutzen als Wertbeitrag eines bestimmten Website-Elements bestimmt werden kann. Dies reicht aber für die Zielsetzung der vorliegenden Arbeit durchaus aus.

4.4. Gütekriterien

Zum Abschluss dieses Kapitels werden nun noch einige Überlegungen bezüglich der Güte und Verlässlichkeit der aufgezeigten Methoden und Verfahren angestellt. Grundsätzlich ist eine indikatorbasierte Operationalisierung häufig mit Informationsverlust verbunden.[159] Die Qualität der eingesetzten Indikatoren und Messverfahren kann daher anhand klassischer Gütekriterien wie Validität, Objektivität und Reliabilität beurteilt werden.[160]

Eine durchgeführte Messung kann diesbezüglich als valide bezeichnet werden, wenn sie den tatsächlich gemeinten Sachverhalt wiedergibt.[161] Bei der hier vorliegenden konfirmatorischen Messung gibt die Validität also Aufschluss über das Ausmaß, in dem der Indikator das Konstrukt der Einstellung misst.[162] Vom Vorliegen der Validität des zu messenden Indikators der Rangordnung wird im Folgenden ohne explizite Prüfung ausgegangen. Dies ist zwar grundlegend kritisch zu sehen, allerdings würde beispielsweise eine Plausibilitätsüberlegung von mehreren Experten zur Prüfung der Augenscheinvalidität[163] über den Rahmen der vorliegenden Arbeit hinaus gehen. Gleiches gilt auch für die Prüfung von Konver-

---

[158] Vgl. Kroeber-Riel, W.; Weinberg, P. (2003), S. 317
[159] Vgl. Kroeber-Riel, W.; Weinberg, P. (2003), S. 32.
[160] Vgl. Berekoven, L.; Eckert, W.; Ellenrieder, P. (1991), S. 84.
[161] Vgl. Kroeber-Riel, W.; Weinberg, P. (2003), S. 32.
[162] Vgl. Gierl, H. (1995), S. 27.
[163] Vgl. Gierl, H. (1995), S. 28.

genzvalidität unter Verwendung mehrerer Indikatoren für das zu prüfende Konstrukt der Einstellung.[164]

Objektivität als Gütekriterium, die häufig auch als intersubjektive Überprüfbarkeit bezeichnet wird, gibt an, „inwieweit der Messwert unabhängig von der Person des Messenden ist".[165] Vom Untersuchungsleiter einer Messung darf demnach keinerlei Beeinflussung auf die Messergebnisse ausgehen, was im Optimalfall bei einem Objektivitätskoeffizienten von 1 dazu führt, dass die Messvorgänge zweier unterschiedlicher Untersuchungsleiter zum exakt selben Ergebnis kommen.[166] Durch die Datenerhebung in einer EMS kann nach der in Abschnitt 4.1 geführten Argumentation im Weiteren vom Vorliegen von Objektivität ausgegangen werden.

Eine Messung wird schließlich als reliabel bezeichnet, wenn sie keine Zufallsergebnisse, sondern bei mehreren Messungen oder bei Erhebungen verschiedener Personen konsistent wiedergewinnbare Ergebnisse liefert.[167] Die Reliabilität stellt somit die Zuverlässigkeit bzw. die formale Genauigkeit einer Merkmalserfassung dar.[168] Neben dieser Forderung nach Test-Retest-Reliabilität aufgrund der nötigen Reproduzierbarkeit von Messungen, existiert auch die Zielsetzung einer internen Konsistenz im Sinne von Reliabilität. Im Bezug auf die Rangordnung von Webseiten heißt das beispielsweise, dass eine Person, die angibt, eine Website A gegenüber der Website B zu präferieren und diese wiederum besser beurteilt als eine Website C, auch eine transitive Präferenz von A gegenüber C haben sollte.[169] Da sich der Grad der Reliabilität durch den Standardfehler ausdrücken lässt[170], kann eine sinnvolle Überprüfung erst im Zuge der Auswertung der empirischen Studie erfolgen.

---

[164] Vgl. Bambauer, S. (2003), S. 102.
[165] Gierl, H. (1995), S. 30.
[166] Vgl. Berekoven, L.; Eckert, W.; Ellenrieder, P. (1991), S. 84 f.
[167] Vgl. Kroeber-Riel, W.; Weinberg, P. (2003), S. 32.
[168] Vgl. Berekoven, L.; Eckert, W.; Ellenrieder, P. (1991), S. 85.
[169] Vgl. Gierl, H. (1995), S. 30.
[170] Vgl. Berekoven, L.; Eckert, W.; Ellenrieder, P. (1991), S. 85.

5. Stand der bisherigen empirischen Forschung

Wie bereits mehrfach dargestellt, handelt es sich bei der theoretisch fundierten empirischen Untersuchung der Wirkung von Website-Elementen bei Tourismus- bzw. Fewo-Internetauftritten um relatives Neuland in der Werbewirkungsforschung. Deshalb gibt es auch bisher fast keine Studien, die sich explizit mit dieser Thematik auseinandersetzen. Im Folgenden werden deshalb acht Studien in chronologisch absteigender Reihenfolge vorgestellt, die sich mit wissenschaftlichem Anspruch mit der Thematik der Bewertung von Website-Elementen, der wahrgenommen Qualität von Websites, sowie Nutzererwartungshaltungen und Usability beschäftigen. Am Ende jeder vorgestellten Studie wird kurz auf die Relevanz im Bezug zur eigenen Arbeit hingewiesen.

5.1. Die Studie von Gierl, H.; Bambauer, S. (2004)

Untersuchungsgegenstand der Arbeit war – wie auch im vorliegenden Fall – die Werbewirkung von Website-Elementen. Wie die Autoren feststellten, bieten Internetseiten als Präsentationsplattform von Unternehmen im Gegensatz zu klassischen Werbemaßnahmen hohen Interaktivitätsgrad, sind zeitecht und kostengünstig. Außerdem sind sie rund um die Uhr erreichbar und besitzen die Möglichkeit, Werbepartner auf einfache Art und Weise, beispielsweise über Bannerwerbung, in die eigene Website zu integrieren. Trotz der Vielzahl an Umsetzungsmöglichkeiten, die sich zur Ausnutzung der genannten Vorteile des Internets durch Website-Elemente ergeben, werden Websites häufig nicht entsprechend der Bedürfnisse der Zielgruppe konzipiert. Weiterhin fehlt nach Meinung der Autoren in diesem Zusammenhang eine systematische Erforschung der Wirkung von Gestaltungselementen. An diesem Punkt setzt die vorgestellte Studie an und untersucht für jede der drei angesprochenen Elementkategorien Interaktion, Rund-um-die-Uhr-Information und Einbindung von Werbepartnern jeweils anhand eines repräsentativ ausgewählten Website-Elements die Auswirkung auf die Werbewirkung des Internetauftritts. Als Element der Interaktion wurde das Anfrage- und Bestellformular gewählt, für die Darstellung der rund um die Uhr verfügbaren Information dient eine Webcam und den Bereich der Integration von Werbepartnern repräsentiert der Banner- bzw. Werbungstausch. Die Studie verfolgte dabei das Ziel, ein allgemeines Modell für die Analyse der Wirkung verschiedener, potenziell integrierbarer Website-Elemente zu entwickeln.

Zunächst wurden theoretische Überlegungen darüber aufgestellt, inwieweit sich das Vorhandensein der drei ausgewählten Elemente auf die Einstellung des Users gegenüber der Website, sowie auf die Einstellung hinsichtlich der auf der Seite beworbenen Produkte auswirken kann. Hierzu teilten die Autoren das Konstrukt der Einstellung zum Werbemittel in die Komponenten Informationsgehalt und emotionalen Eindruck auf. Es wurde also angenommen, dass Website-Elemente und weitere allgemeine Reize, die auch andere Webemittel bieten, sowohl den emotionalen Eindruck, als auch den wahrgenommenen Informationsgehalt einer Webseite prägen. Insgesamt sind den Autoren zu Folge fünf verschiedene Wirkungen von Website-Elementen denkbar. So kann sich ein Gestaltungselement auf die Einstellung zum dargestellten Werbeobjekt auswirken (e), den emotionalen Eindruck (c) oder den wahrgenommenen Informationsgehalt (a) der Website verändern und möglicherweise als moderierender Effekt die Wirkung des emotionalen Eindrucks (d) bzw. des wahrgenommenen Informationsgehalts (b) hinsichtlich der Einstellung zum Werbeobjekt beeinflussen. Eine genauere Übersicht bietet Abb. 1 auf Seite 58 der Studie.

Im Anschluss daran wurde untersucht, welche der eben genannten Effekte von den drei repräsentativ ausgewählten Gestaltungselementen ausgelöst werden können. Diese Erkenntnisse wurden daraufhin als Hypothesen formuliert. Da in der Arbeit die empirische Überprüfung am Beispiel von Internetauftritten von Wintersportorten erfolgen sollte, galt es folgende Wirkungen der Website-Elemente näher zu betrachten: Eine Online-Buchungsmöglichkeit konnte den Autoren zu Folge Effekte (a), (c) und (d) auslösen, eine Webcam die Effekte (c) und (d) und die Bannerwerbung eines Webepartners Effekt (b) in zweierlei Varianten, wobei im zweiten Fall zusätzlich nach gering involvierten und hoch involvierten Personen differenziert wurde. Einen detaillierten Überblick dieses Sachverhalts gibt Gierl, H.; Bambauer, S. (2004) in Abb. 3 auf Seite 62.

Zur Überprüfung der Hypothesen wurde eine empirische Studie durchgeführt, die – wie oben bereits erwähnt – am Beispiel realer Webseiten verschiedener Wintersportorte abgewickelt wurde. Auf den gewählten Internetauftritten waren die zu betrachtenden Website-Elemente zum Untersuchungszeitpunkt bereits in verschiedenen Kombinationen vorhanden, weshalb insgesamt ein 2x2x2-Design für die empirische Untersuchung resultierte. Alternativ hätten acht Websites gemäß dem Design selbst erstellt werden können, was jedoch mit enormem Aufwand und hohen Kosten verbunden gewesen wäre. Dem Problem der offenkundigen Unterschiede der Auftritte, wie beispielsweise einer professionelleren oder umfangreicheren Gestaltung, wurde durch die gewählte Modellierung Rechnung getragen. Da durch den Besuch des jeweiligen Internetauftritts eine Beeinflussung der Nutzereinstellung gegenüber dem zugehörigen Wintersportort nachgewiesen werden sollte, musste sichergestellt werden, dass die Personen dort bisher möglichst noch nie Urlaub gemacht oder die Website bereits besucht hatten, weshalb eher unbekannte Internetauftritte gewählt wurden. Zusätzlich wurden dementsprechende Personen mit Vorkenntnissen durch bestimmte Filterfragen im Voraus aussortiert. Insgesamt umfasste die Stichprobe 256 Studenten, was bei 8 Auftritten zu einem Stichprobenumfang von 32 Personen pro Website führte. Für die Untersuchung stellte im beschriebenen Fall eine rein studentische Stichprobe auch kein Problem dar, da eine Theorie bzw. die Existenz von Effekten nachgewiesen werden sollte. Die Probanden wurden in Computer-Räumen einer Universität zunächst kurz in die Studie eingewiesen. Danach sollten sie je nach Anweisung eine der Websites besuchen und sich dort selbstständig informieren. Im Anschluss daran wurde von jeder Person ein Fragebogen ausgefüllt, wobei festgestellt wurde, dass die Gruppen strukturgleich waren und sich bezüglich Involvement und Interneterfahrung kaum unterschieden.

Zur Messung der Einstellung zum Werbeobjekt, des wahrgenommenen Informationsgehaltes, des emotionalen Eindrucks der Webseite, des Involvements und der Reputation der Werbepartner dienten Multi-Item-Messungen mit unterschiedlichen Statements welche mittels 7-stufigen Skalen von den Probanden beurteilt wurden. Durch die Analyse der Daten konnte beim Element Online-Buchungsmöglichkeit ein positiver Einfluss auf den emotionalen Eindruck und den wahrgenommenen Informationsgehalt der Seite, d. h. eine Bestätigung der Effekte (a) und (c) auf dem 0,1 %-Niveau statistisch bestätigt werden. Für die Webcam konnte die Verbesserung des emotionalen Eindrucks (c) zum 10 %-Niveau gestützt werden. Des Weiteren wurde festgestellt, dass sich die getesteten Gestaltungselemente nicht direkt auf die Einstellung gegenüber der Website auswirken (e). Der verstärkende Effekt der Online-Buchungsmöglichkeit, sowie der Webcam auf den emotionalen Eindruck der Website (d) konnte ebenfalls empirisch belegt werden. Zuletzt konnte auch ein moderierender Effekt der Wirkung des Informationsgehalts auf die Einstellung zum Werbeobjekt im Fall der Integration von Werbepartnern festgestellt werden. Somit konnten in der vorgestellten Arbeit alle aufgestellten Hypothesen zur Werbewirkung der ausgewählten Website-Elemente empirisch gestützt werden. Weiterhin empfehlen die Autoren, aufgrund der Studienerkenntnisse, auf die Integration eines Werbepartners mit schlechter Reputation zu verzichten.

Zusammenfassend stellen Gierl, H.; Bambauer, S. (2004) fest, dass allein durch den Einsatz bestimmter Website-Elemente, wie beispielsweise einer Online-Buchungsmöglichkeit, der emotionale Eindruck und der wahrgenommene Informationswert um eine ganze Skaleneinheit erhöht werden können. Ein gezielter Einsatz von Website-Elementen scheint somit aus Kosten- / Nutzensichtweise empfehlenswert, da ungünstige Ausgestaltungen von Elementen eines Internetauftritts zusätzlich zu den Kosten auch einen negativen Effekt auf das Image haben können.

Die gewonnenen Erkenntnisse der vorgestellten Studie sind für die vorliegende Arbeit von großer Bedeutung, da ebenfalls Auswirkungen der Integration von Website-Elementen auf die wahrgenommene Qualität eines Internetauftritts untersucht werden sollen. Die Schlussfolgerungen der Arbeit wurden deshalb in der Modellbildung der vorliegenden Arbeit berücksichtigt. Darüber hinaus ist es in diesem Zusammenhang auch von Interesse, ob die Untersuchung weiterer Website-Elemente neue Erkenntnisse bringen kann. Allerdings lässt sich die Erhebungsmethode, wie in Kap. 4.1 argumentiert, nicht auf die Untersuchungen der vorliegende Arbeit übertragen, weshalb von der beschriebenen Vorgehensweise auch in gewisser Hinsicht abgewichen werden musste.

5.2. Die Studie von Silberer, G.; Engelhardt, J.; Krumsiek, M. (2003)

Ziel dieser Studie war die Untersuchung der farbigen Gestaltung von Navigationselementen und deren Eignung als Aktivierungstechnik. Hierdurch sollten Empfehlungen bezüglich der optimalen und benutzerfreundlichen Gestaltung von Websites abgegeben werden, um so absatzpolitische Ziele besser und gezielter erreichen zu können. Da gerade im Bereich der Webewirkungsforschung bereits Arbeiten zur Wirkung der Aktivierung auf das Verhalten und auf den Informationsverarbeitungsprozess i. w. S. vorlagen, sollte in der vorgestellten Studie die Übertragbarkeit dieser Aspekte auf Websites und im Speziellen auf Usability-Komponenten analysiert werden. Dies ist v. a. deshalb interessant, weil im Bereich der Gestaltung von Webauftritten unzählige Möglichkeiten der gestalterischen Darstellung und damit auch enorme, z. T. ungenutzte Aktivierungspotenziale vorhanden sind.

Zunächst wurde das Verhalten der Webnutzer in die Verhaltensebenen Blick- und Klickverhalten eingeteilt. Das Blickverhalten sollte zeigen, welchen Bereichen der Website besondere Aufmerksamkeit geschenkt wird, wohingegen durch das Klickverhalten analysiert werden sollte, welche Elemente tatsächlich angeklickt werden. Zur Durchführung der Studie entschieden sich die Autoren zunächst dazu, die Benutzerführung im Hinblick auf die Navigationslinks näher zu betrachten, um in diesem Bereich bestehende Forschungslücken zu beseitigen. Als physischer Reiz zur Aktivierung wurde die farbliche Gestaltung selektiert, da diese eine einfache und sichere Aktivierungstechnik darstellt und mit relativ wenig Aufwand umgesetzt werden konnte.

Den theoretischen Rahmen der Arbeit bildete dabei die Forschung über tonische und phasische Aktivierung. Im Zusammenhang mit der entsprechenden Leistungsfähigkeit des Menschen ergibt sich ein in der Aktivierungstheorie typischer, umgekehrt u-förmiger Kurvenverlauf. Es wurde deshalb von den Autoren davon ausgegangen, dass sich die Individuen je nach phasischer Aktivierung an die Reizsituation anpassen, wobei die Anpassungsintensität von der Stärke des jeweiligen Stimulus abhängt. Eine besondere Rolle kommt dabei der Aufmerksamkeit als Filter der Wahrnehmung des Betrachters zu, wodurch das jeweilige Blickverhalten gesteuert wird. Von einer Überaktvierung ist nach Meinung der Autoren im Fall der Wirkung von Farbe auf einer Website nicht auszugehen. Vielmehr kommt es durch die farbige Gestaltung von Navigationslinks der Theorie zu Folge zu phasischer Stimulierung, was zu erhöhter Leistung führt und so den auslösenden Reiz während des gesamten Website-Besuches positiv unterstützt. Durch die Aktivierung wird auch die Informationsverarbeitung und dadurch wiederum das Klickverhalten beeinflusst. In der anschließend durchgeführten Untersuchung sollte mittels Hypothesen analysiert werden, ob aktivierend gestaltete Links häufiger, schneller und länger fixiert werden und, ob diese auch häufiger und schneller angeklickt werden.

Zur Überprüfung wurde ein ca. einwöchiges Laborexperiment mit 41 Teilnehmern durchgeführt (durch Ausfälle bereinigt 35 Teilnehmer), wobei ein einfaktorielles, zweistufig variiertes, bivariates Untersuchungsdesign zugrunde gelegt wurde. Als Stimulus für die Teilnehmer wurde eine Shopsite für Weine gewählt, die 53 Seiten, untergliedert in drei Rubriken mit Unterseiten umfasste. Die Experimentalgruppe mit insgesamt 18 Probanden bekam eine Version mit einem aktivierungsstark gestalteten roten Link zu sehen, wohingegen die 17-köpfige Kontrollgruppe einheitlich gestaltete, blaue Links betrachtete. Die Teilnehmer wurden aufgefordert, die Testwebsite aufzurufen und dort frei zu surfen, wobei das Blickverhalten durch eine Helmkamera mittels Eyetracking-System aufgezeichnet wurde. Das Klickverhalten inklusive Klickpfad wurde während dieser Zeit vom Versuchsleiter mitprotokolliert. Danach sollten die Teilnehmer zur Kontrolle weiterer verhaltensrelevanter Variablen, wie Stimmung und Involvement einen zusätzlichen Fragebogen ausfüllen, wobei auch soziodemografische Daten wie Alter und Geschlecht festgehalten wurden. Abschließend bekam jeder Proband eine Entschädigung im Wert von ca. drei Euro.

Im Anschluss daran wurden die gewonnenen Daten auf signifikante Ergebnisse überprüft. Da durch Analyse der Kontrollvariablen keine signifikanten Gruppenunterschiede festgestellt wurden, konnten Blick- und Klickverhalten direkt auf die unabhängige Variable der Aktivierung, also auf die farbig gestalteten Links, zurückgeführt werden. Zum Signifikanzniveau von 5 % wurden zur Überprüfung der gerichteten Hypothesen einseitige Tests durchgeführt. Dabei wurden die aufgezeichneten Blickverläufe ausgewertet, indem die Website in Areas of Interest eingeteilt und die Dauer des Aufenthalts in jedem Segment gemessen wurde. Anzahl bzw. Dauer der gemessenen Fixationsflächenkontakte einer AOI wurden anschließend zur besseren Vergleichbarkeit ins Verhältnis zur Gesamtanzahl der Fixationsflächenkontakten auf der Website oder dem Navigationsbereich gesetzt.

Zusammenfassend konnten nach weiterer Analyse der Werte folgende Ergebnisse präsentiert werden: Bezüglich des Blickverhaltens war auffällig, dass rot gestaltete Links nicht schneller fixiert wurden. Es konnte jedoch festgestellt werden, dass rote Links in der Experimentalgruppe, relativ zu normal gestalteten Links in der Kontrollgruppe, signifikant häufiger fixiert wurden. Analoge Ergebnisse ergaben sich für die Fixationsdauer relativ zur Gesamtfixationsdauer. Im Bezug auf das Klickverhalten zeigte sich, dass der aktivierend gestaltete Link nicht häufiger angeklickt wurden, was durch Reaktanzen und Irritationseffekte erklärt werden könnte. Ebenso konnte auch nicht belegt werden, dass farblich hervorgehobene rote Links schneller angeklickt werden. Vielmehr konnte eine Art Verzögerung des Klickens auf den aktivierenden Link beobachtet werden. Dieses „Klickverweigern" der Experimentalgruppe war außerdem statistisch signifikant.

Für die Praxis ist abschließend festzustellen, dass auffallend gestaltete Navigationslinks mit relativ hoher Sicherheit häufiger und länger betrachtet werden. Um jedoch das Klickverhalten zu beeinflussen, bedarf es weiterer Analysen des Umfelds und anschließender zielgruppen- und situationskonformer Gestaltung, welche jedoch einfach und unaufdringlich sein sollte. Anzumerken ist, dass auf der Testsite weitere Eye-Catcher wie Bilder und Logo zu sehen waren, die als Störreize gewirkt haben könnten. In der ersten Fixation lag die Fixationshäufigkeit der Bilder beispielsweise bei 54 %. Kein anderes Element kam auf einen derart hohen Wert. Daraus hätten laut Studie fast die aufgestellten Hypothesen für aktivierungsstarke Elemente gestützt werden können, jedoch nicht für die untersuchten Links sondern für aktivierende Bilder.

Im Bezug auf die vorliegende Arbeit ist die vorgestellte Studie in zweierlei Hinsicht relevant. Zum einen sollen bei der Entwurfsgestaltung der späteren empirischen Untersuchung die Erkenntnisse dieser Studie dahingehend berücksichtigt werden, dass – sofern möglich – die Linkfarbe der Zusatznavigation farblich rot gestaltet wird um eine höhere Fixation der sonst eher unauffälligen Elemente zu erreichen. Im Falle einer schlechteren Bewertung der Entwürfe mit den so integrierten Elementen kann deshalb eventuell mit dem Auftreten ähnlicher Effekte wie in dieser Studie argumentiert werden bzw. können zusätzlich die Ergebnisse dieser Studie weiter gestützt werden. Zum anderen flossen die Feststellungen der vorgestellten Studie auch im Hinblick auf die aktivierende Wirkung der Impressionen und des Logos mit in die theoretische Modellbildung dieser Arbeit aus Kap. 3.1.1 bzw. 3.1.3 ein.

5.3. Die Studie von Wilhelm, T.; Yom, M.; Nusseck, D. (2003)

Die Studie „Erwartungskonforme Webseitengestaltung" widmete sich dem Thema der Webseiten-Schemata als Grundlage der Informationsaufnahme und des Entscheidungsverhaltens auf Webseiten. Die Ausgangssituation der Bestrebungen dieser Studie bildeten dabei vorausgegangene Arbeiten zum Blickverlauf auf Internetseiten, bei welchen v. a. bei erfahrenen Internetnutzern festgelegte Fixationsverläufe ermittelt wurden. Diese verlaufen meist von der Seitenmitte zum linken Rand, d. h. in. Richtung der gängigsten Platzierung der Navigationsleiste. Nach Meinung der Autoren könnte dies mit dem Entstehen innerer Bilder bezüglich des Seitenaufbaus zu tun haben. Gerade erfahrene Nutzer könnten gelernt haben, wo sich bestimmte Funktionen auf Webseiten im Normalfall befinden und erwarten deshalb möglicherweise, dass am linken Bildschirmrand zielführende Hinweise vorhanden sind. Dieses Verhalten wird als schemagesteuerter Blickverlauf bezeichnet. Dabei wurde von den Autoren anhand der Erkenntnisse anderer Studien angenommen, dass besonders die Interneterfahrung des Users eine essenzielle Rolle beim Erwerb und der Anpassung an ein Website-Schema spielt. In diesem Zusammenhang sollte in der Studie darauf eingegangen werden, inwieweit Internetnutzer konkrete Vorstellungen über die Platzierung von Seitenelementen bilden bzw. in welchem Maße sich daraus bei den Besuchern Website-Schemata ausprägen.

Hierzu stellten die Autoren zunächst anhand anderer Studien bereits untersuchte Erkenntnisse dieses Forschungsgebiets zusammen, auf denen ihre weiteren Untersuchungsbestrebungen dann aufbauen sollten. In einer ersten vorgestellten Arbeit hatte sich herausgestellt, dass die linksseitige Platzierung und die sog. umgekehrte L-Navigation, d. h. eine Navigationsleiste oben und eine auf der linken Seite, die optimalen Umsetzungsmöglichkeiten für Navigationslinks waren. In einer anderen Studie war ermittelt worden, dass beispielsweise ein Home-Button in der oberen linken Ecke erwartet wurde, interne Links am linken Rand und eine interne Suchfunktion mittig im oberen Seitendrittel, unabhängig davon ob die Probanden interneterfahren waren oder nicht, woraus von den Autoren geschlussfolgert wurde, dass sich Webseiten-Schemata sehr schnell herausbilden. In einem weiteren Ergebnis war präsentiert worden, dass die meisten erfahrenen Webnutzer Werbung typischerweise mittig am oberen bzw. oberen rechten Seitenrand erwarteten. In einer letzten vorgestellten Arbeit war für E-Commerce-Seitenelemente festgestellt worden, dass z. B. das Warenkorbsymbol im rechten oberen Bereich der Seite, der Home-Button am oberen linken Seitenrand und die Suchfunktion in der oberen Seitenmitte erwartet wurde. Aufbauend auf diesen Ergebnissen wurde von den Autoren eine eigene Studie konzipiert.

Die Untersuchung wurde als explorative Online-Befragung mit dem Thema „Webseiten-Schemata bei erfahrenen, deutschsprachigen Webnutzern" durchgeführt, wobei die Teilnehmer durch ein Online-Access Panel der eResult GmbH akquiriert wurden. Insgesamt wurden 52 Personen zwischen 24 und 39 Jahren befragt, die das Internet seit mindestens 3 Jahren nutzten. Im Zuge der Online-Befragung wurde den Probanden eine Grafik einer Website präsentiert, welche in 20 gleich große Zellen unterteilt war. Diese Einteilung in nur 20 Einheiten wurde gewählt, da eine sehr detaillierte Einordnung die Teilnehmer möglicherweise überfordert hätte. Als Besonderheit wurden die Felder unterschieden in sofort sichtbare und nur durch Scrollen erreichbare Quadranten. Der sichtbare Bereich wurde den Teilnehmern durch graue Schattierung kenntlich gemacht. Ohne dabei an eine bestimmte Internetseite zu denken, sollten die Rezipienten aus einer Liste von Website-Elementen die ihnen bekannten auswählen und diese anhand der Grafik den Flächeneinheiten zuordnen, wobei einem Feld auch mehrere Funktionen zugewiesen werden konnten. Die Liste wählbarer Elemente umfasste u. a. ein Gästebuch / Forum, einen Hilfe-Link, einen Home-Link, eine Sitemap und eine

Suchfunktion. Die vollständige Liste aller Bestandteile findet sich in Wilhelm, T.; Yom, M.; Nusseck, D. (2003) auf S. 37.

Wie die Autoren vermutet hatten, ergab die Auswertung der gewonnen Daten, dass im linken und oberen Seitenbereich die meisten der vorgegebenen Element erwartet wurden. Als Homepage untypische Funktionen, d. h. besser gesagt als von den Teilnehmern nicht erwartete Elemente, wurde von den Probanden hauptsächlich ein Link zur Ansicht einer Textversion, ein Link zu einer Guided Tour und ein Feedback-Link genannt. Interessant ist auch, dass ein Viertel der befragten Personen einen Hilfe-Link oben rechts erwarteten, also dort wo er bei vielen Softwareprodukten wie beispielsweise allen MS-Office Programmen zu finden ist, was auf Lerneffekte und die Bildung von Schemata hinweist. Des Weiteren ist die typische Platzierung für den Home-Link im oberen linken Seitenbereich und die für die Sitemap am linken Seitenrand. Die Suchfunktion wird von Vielen im oberen linken Bereich erwartet. Ein Forum erwarten 37 % der Befragten in der Mitte des linken Seitenrandes. Durch die Studie konnte somit bestätigt werden, dass erfahrene Internetnutzer relativ einheitliche und konkrete Vorstellungen von der Anordnung wichtiger Website-Elemente haben.

Die Studie wurde von den Autoren als Pilotstudie für weitere Studien konzipiert und sollte die Grundlage für weitere Forschungen darstellen. Es wurden folgende kritische Anmerkungen und Folgerungen für zukünftige Studien abgeleitet:

- Stichproben sollten aus Gründen der Repräsentativität einen größeren Umfang aufweisen.
- Erhebungen in diesem Bereich sollten interaktiver gestaltet werden.
- Bei der Erhebung sollte zwischen erfahrenen und unerfahrenen Nutzern unterschieden werden.
- Das Spektrum an auswählbaren Website-Elementen sollte erweitert werden.
- An die Messung der Erwartungen sollte sich eine Befragung anschließen, um hieraus weitere Erkenntnisse abzuleiten.
- Der Aspekt der Internationalität sollte aufgrund der Besonderheit des Mediums Internet möglicherweise in künftigen Studien berücksichtigt werden.

Abschließend ist v. a. im Hinblick auf die eigene Studie von Bedeutung, ob dem beobachteten Schema entsprechende Internetseiten oder schemainkonforme Gestaltungen erfolgreicher sind. Auf Basis der in der vorgestellten Studie ermittelten Erkenntnisse ist eine schemakonforme Platzierung aus Usability-Gründen in jedem Fall ratsam, da sich dadurch die Nutzer der Seite, gerade bei ihrem ersten Besuch, intuitiver und schneller zurechtfinden. Jedoch sollten auch Aspekte eines inkonformen Layouts und die daraus resultierenden Überraschungseffekten mit möglicherweise positiven Auswirkungen nicht außer Acht gelassen werden, da gerade Verstöße gegen die Erwartungen zu besonderer Aufmerksamkeit führen können, was aus der klassischen Werbewirkungsforschung bekannt ist. Aufbauend auf dieser Studie soll deshalb in der eigenen Arbeit eine Kombination aus schemakonformer und schemainkonformer Platzierung der Website-Elementen erfolgen.

5.4. Die Studie von Geißler, H.; Donath, T., Jaron, R. (2003)

Die auf den folgenden Seiten zusammengefasste Studie beschäftigt sich mit der Schwierigkeit, Websites möglichst benutzerfreundlich zu gestalten. Da inzwischen fast jedes große Unternehmen im Internet vertreten ist und eine Website nicht mehr nur ein reines Prestigeobjekt darstellt, war es für die Autoren sehr erstaunlich, dass bei Websites erhebliche Unterschiede im Bezug auf Usability und Nutzerfreundlichkeit vorlagen. Im Auftrag zweier großer Firmen wurde infolgedessen der Websitetest sitecockpit entwickelt, wobei die Meinung des Nutzers im Vordergrund stehen sollte. Im Folgenden wird im Bezug auf die eigene Studie zunächst auf die Erstellung dieses Instruments der Website-Beurteilung eingegangen. Im Anschluss werden die von den Autoren gewonnenen, wichtigsten Ergebnisse der Verwendung des Testes präsentiert.

In einer ersten Phase der Konzeption wurden mittels biotischen Interviews und Tiefenexplorationen meinungsbildende Faktoren erfasst. Die Nutzersicht stand dabei im Vordergrund, weshalb auch in dieser Phase Nutzer und nicht Experten befragt wurden. Darauf aufbauend wurden Items formuliert, welche in der zweiten Phase bei den tatsächlichen Website-Tests in Teststudios zum Einsatz kamen. Im Zuge dessen wurden Daten von 20 Websites und über 600 Nutzern gewonnen. Die Items wurden anschließend einer Skalenanalyse unterzogen und konnten mittels Faktorenanalyse zu sechs Dimensionen zusammengefasst werden. Zusätzlich wurden nicht aussagekräftige Items, d. h. Items mit zu geringer Verteilung oder zu hoher Korrelation aussortiert. Dadurch wurde ein Instrument zur Website-Beurteilung geschaffen, das sich stark an psychologischen Dimensionen orientiert und dadurch speziell die Nutzersicht in die Bewertung der Auftritte mit einbezieht. Der Aufbau des Instruments diente gleichzeitig als Modell zur Website-Wahrnehmung und umfasste 54 Merkmale, die sechs Dimensionen Gestaltung/Design, Inhalt/Content, Interaktion/Service, Seriosität/Stimmigkeit, Kontrolle/Navigation und den Farbeindruck sowie die drei resultierenden Ziele Anreiz, Gefallen und Handlung. Eine genaue Abbildung findet sich auf Seite 43 in Geißler, H.; Donath, T., Jaron, R. (2003).

Jede zu untersuchende Webseite wurde im Zuge der Analyse von mindestens 30 Auskunftspersonen mit Hilfe des sitecockpits beurteilt, woraus insgesamt über 6000 Einzelbefragungen resultierten. Bevor jeder Proband eine Website bewertete, sollte er durch drei ihm gestellte Aufgaben das Internetangebot kennen lernen, um so eine fundierte und v. a. valide Einschätzung der Qualität eines Internetauftritts abgeben zu können. Diese Aufgaben umfassten u. a. freies Surfen, das Suchen nach spezifischen Informationen und einen speziellen Handlungsauftrag, wie z. B. eine Bestellung. Fragen nach dem Erfolg und nach Gefühlen, wie beispielsweise der Lust auf Abbruch, sollten im Anschluss an jede Aufgabe eine Art „Kennenlernphase" bilden. Zudem konnten aus diesen Daten weitere interessante Ergebnisse gewonnen werden. Beispielsweise wurden schon hier deutliche Qualitätsunterschiede von Webseiten offensichtlich, da auf vielen Seiten ein beträchtlicher Teil der Nutzer bereits an der gezielten Suche nach Informationen scheiterte. Im Anschluss an das ca. 15-minütige Kennenlernen folgte der eigentliche Test. Zunächst wurden die Probanden aufgefordert, die zu untersuchende Webseite erstmalig aufzurufen, um sie direkt im Anschluss, d. h. ohne eine weitere Nutzung der Website, nach ihrem spontanen Eindruck zu befragen. Danach folgten wiederum 15 Minuten freien Surfens, der Informationsbeschaffung und der Durchführung einer konkreten Handlung, jedoch diesmal nicht frei im Internet sondern eingeschränkt auf die entsprechende Seite. Den Abschluss des Tests bildete eine Befragung bezüglich der Ziele, der Dimensionen und der qualitätsbezogenen Merkmale. Zusätzlich wurden soziodemografische Daten und Angaben bezüglich der Interneterfahrung erhoben.

Allein die Auswertung der Daten zum Spontaneindruck lieferte interessante Ergebnisse. Unter anderem sprang dem Besucher als erstes die optische Gestaltung der Startseite ins Auge. Der erste Eindruck wurde demnach als ein wichtiger Anreiz zur weiteren Nutzung der Seite angesehen, woraus eine entscheidende Bedeutung der Startseite v. a. für kleinere und/oder neue, online agierende, unbekanntere Unternehmen abgeleitet wurde. Kunden schließen in diesem Fall, laut Meinung der Autoren, aufgrund fehlender anderer Informationen direkt von der Qualität der Website auf die Qualität der Produkte und die Professionalität des Unternehmens. Für die Dimension Farbgebung konnte festgestellt werden, dass auch diese eine wichtige Rolle spielt, da sie als eines der ersten Details – noch vor Kenntnisnahme von Inhalt oder Funktionalität – direkt ins Auge springt oder auch sticht. Im positiven Fall konnte die farbliche Gestaltung dem Besucher den Aufenthalt angenehmer machen, so dass er sich in der Werbeumgebung wohlfühlte oder aber im negativen Fall das Gegenteil bewirken und zu einem schnelleren Verlassen der Webseite führen. Allgemein wurden von den Teilnehmern blau gestaltete Startseiten vor grünen und gelben bevorzugt. Am wenigsten sprachen die Probanden orange und rote Startseiten an. Für die Dimension Inhalt/Content konnte festgestellt werden, dass die Versuchspersonen besonderen Wert auf objektive, interessante und leicht zu lesende Inhalte legten. Bezüglich Seriosität/Stimmigkeit wurde deutlich, dass zur Vermittlung eines seriösen Eindrucks neben speziellen Hinweisen zur Datensicherheit auch ein stimmiger, also zum Unternehmensimage und den Produkten passender, professioneller Internetauftritt nötig ist. Der Überprüfung entscheidender Faktoren für die Dimension Kontrolle/Navigation – nach den Autoren beruht der dahinterstehende Begriff Usability auf dem Wunsch nach Kontrolle – diente die den Probanden gestellte Aufgabe, eine Handlung auf der Seite, wie beispielsweise eine Bestellung, durchzuführen. Als besonders wichtig ist dabei hervorzuheben, dass v. a. jene Seiten gut bewertet wurden, die eine konsistente und eindeutige Navigation boten. Durch diese Ergebnisse konnte von den Autoren empfohlen werden, dem Benutzer ein Gefühl von Kontrolle zu geben, in dem ihm z. B. eine Orientierungsmöglichkeit geboten wird, mit der er immer den Eindruck hat, genau zu wissen, wo er sich auf einer Website befindet.

Die Studie wurde in erster Linie deshalb aufgeführt, weil von den Autoren unter größtem Aufwand und vermutlich auch mit nicht unerheblichen Kosten ein sehr umfangreiches Instrument zur Bewertung von Internetseiten geschaffen wurde. Im Hinblick auf die vorliegende Arbeit und die im weiteren Verlauf durchzuführende empirische Studie wurden die Erkenntnisse des vorgestellten Website-Tests bezüglich der hervorgehobenen Rolle der Startseite berücksichtigt, da in der eigenen Untersuchung ein Website-Test im Zuge einer EMS nur in Form einer einzeln präsentierten Seite, repräsentativ für jeweils einen gesamten Auftritt, erfolgen kann. Letztlich wird also die Wirkung einer Art Starseite untersucht werden. Weiterhin wurden die Erkenntnisse über positive Orientierungswirkung zusätzlicher Navigationselemente für die Modellbildung der Arbeit weitestgehend berücksichtigt.

5.5. Die Studie von Bauer, H.; Grether, M.; Sattler, C. (2002)

In diesem Abschnitt wird eine Studie vorgestellt, die das Thema Internetspiele als Marketinginstrument für Low-Involvement Produkte behandelt. Hintergrund für die Erstellung der Studie war für die Autoren die steigende Zahl der Internet-Nutzer, weshalb eine Web-Präsenz auch für Unternehmen, die das Internet nicht als Handelsplattform nutzten, immer interessanter wurde. Diesbezüglich stellten sie sich zu Beginn der Untersuchung die Frage, „warum im Internet vertreten sein, wenn dies für die eigentlichen Firmenziele gar nicht notwendig ist und noch dazu Aufwand und Kosten bedeutet?". Von noch größerer Bedeutung wurde diese Frage vor dem Gesichtspunkt, dass Nutzer nicht ohne direktes Zutun erreicht werden können, sondern eine Website aktiv aufrufen müssen, was sie jedoch nur tun, wenn sie sich daraus einen Mehrwert versprechen. Im Bereich von Low-Involvementprodukten könnte dieser Mehrwert für den Besucher nach Meinung der Autoren nicht der Informationsnutzen, sondern nur der Unterhaltungsnutzen sein. Dabei kam jedoch die weitere Frage auf, welchen Nutzen eine auf Unterhaltung ausgelegte Website dem Unternehmen generieren kann, bzw. welche Werbewirkung von einer solchen Website ausgeht. Zu diesem Zweck sollten die Auswirkungen einer unterhaltenden Website auf die Werbeziele bei Low-Invovement Produkten analysiert werden. Repräsentativ für den Unterhaltungswert wurde in dieser Arbeit das Website-Element Internetspiel verwendet.

Zunächst definierten die Autoren für den weiteren Verlauf der Studie, dass unter Werbung im Internet die Homepage eines Unternehmens zu Werbezwecken zu verstehen ist, welche vom Nutzer aktiv besucht wird. Als Grundziele konnte für diesen Bereich zunächst die Erringung von Aufmerksamkeit festgehalten werden, welche im Internet vor Beginn der Werbung nötig ist und beispielsweise durch emotionale Schlüsselreize erreicht werden könnte. Des Weiteren wurde angenommen, dass sich ein Unternehmen zunächst entscheiden müsse, welche kognitiven, affektiven und konativen Kommunikationsziele mit dem Internetauftritt verfolgt werden sollten. Im Bezug auf den Werbenutzen für den Konsumenten gingen die Autoren von Informations-, Unterhaltungs- und Extranutzen aus, wobei letzterer nicht weiter einbezogen wurde. Im hier behandelten Low-Involvement-Fall wurde der Unterhaltungsnutzen stark und der Informationsnutzen nur schwach gewichtet. Weiterhin wurden die drei Werbeziele Steigerung der aktiven Markenbekanntheit, Aufbau oder Unterstützung des Marken-Images und Verbesserung der Kaufabsicht festgestellt, welche durch die Bereitstellung unterhaltender Inhalte auf einer Website am Beispiel des Internet-Spiels erreicht werden sollten. Besonders hervorgehoben wurde im Bezug auf das Image die Bedeutung der Vermittlung emotionaler Erlebnisse anhand lebendiger Bilder zur Förderung innerer Gedächtnisbilder, also genauer gesagt das Imagery. Durch das Internet könne den Autoren zu Folge die Lebendigkeit erhöht und in relativ kurzer Zeit ein neues Markenbild aufgebaut werden. Insgesamt wurden so sieben Hypothesen aufgestellt und mittels empirischer Untersuchung auf Gültigkeit überprüft.

Um herauszufinden, ob eine unterhaltende Werbehomepage einen Einfluss auf die drei Werbeziele hat, musste zunächst eine, für die Studie geeignete Homepage ausgewählt werden. Die Homepage musste von einem Anbieter von Low-Involvement Produkten stammen, dem Nutzer überwiegen Unterhaltungsnutzen bieten und ein Internet-Spiel zur Verfügung stellen, weshalb die Seite von Johnnie Walker mit dem Spiel die „Moorhuhnjagd" ausgesucht wurde. Zur Überprüfung wurde ein Ex-post-facto-Experiment als Design gewählt, wobei die Probanden durch Selbst-Selektion in die Gruppen Spieler und Nicht-Spieler von „Moorhuhnjagd" eingeteilt wurden. Insgesamt wurden 350 Fragebögen an Studenten und deren Angehörige ausgegeben, wobei letztendlich jede Gruppe aus Gründen der Vergleichbarkeit auf 119 Versuchsteilnehmer (korrekt ausgefüllte Fragebögen) begrenzt wurde. Die Stichprobe aus hauptsächlich Studenten wurde gewählt, da an Spielen interessierte Nutzer eher jung sind und sich in der Ausbildung befinden. Zusätzlich wurden die soziodemografischen Daten Alter, Geschlecht und Beruf erhoben.

Die gewonnenen und im Anschluss ausgewerteten Daten ergaben u. a. eine Nicht-Bestätigung der Erhöhung der aktiven Markenbekanntheit, der größeren Lebendigkeit der hervorgerufenen inneren Bilder im Vergleich zur klassischen Werbung und der erhöhten Kaufabsicht. Dahingegen konnte bestätigt werden, dass Moorhuhnjagd-Spieler die Marke Johnnie Walker als signifikant moderner, aktueller und „hipper" wahrnehmen. Somit konnte eine Veränderung des Markenimages mittels Integration des Internet-Spiels festgestellt werden. Auch die Hypothesen zum Aufbau eines neuen Markenbildes in kürzerer Zeit, zur Verankerung eines bestehenden Markenbildes und zur positiven Beeinflussung innerer Bilder konnten bestätigt werden. Zusammenfassend wurde in der durchgeführten Untersuchung ein Nachweis für den Einfluss eines Internet-Spiels auf Image und Imagery erbracht.

Abschließend wurde angemerkt, dass bei Überlegungen hinsichtlich des Aufbaus einer unterhaltenden Werbehomepage einerseits Kosten-/ Nutzenaspekte, wie z. B. die Entwicklungskosten eines Internetspiels, nicht außer Betracht gelassen werden dürfen und dass andererseits bei der Entscheidung immer die Zielgruppe beachtet werden sollte. Gerade im Fall eines Unterhaltungsnutzens durch Internet-Spiele ist nach Angabe der Autoren davon auszugehen, dass dieser besonders jüngere Personen ansprechen wird. Möchte ein Unternehmen zwar jung wirken aber ein älteres Publikum ansprechen, ist es also fraglich, ob eine unterhaltende Werbehomepage das richtige Mittel darstellt. Jedoch können durch unterhaltende Inhalte lebendige Markenbilder vermittelt werden, was sich wiederum positiv auf die Präferenzbildung und die Kaufabsicht auswirken kann.

Daher lässt sich auch eine Relevanz für die eigene Studie erkennen, da der Unterhaltungsaspekt einer Internetpräsenz einen weiteren Blickwinkel für die anfängliche Zielsetzung der vorliegenden Arbeit bietet. Fraglich ist allerdings, ob das Website-Element Internet-Spiel für den Auftritt eines privaten Anbieters von Ferienwohnungen unter Kosten- / Nutzenaspekten eine weitere Option bieten kann. Dabei ist nämlich einerseits zu beachten, dass es sich im Fall der Vermietung von Ferienwohnungen nicht um Low-Involvement Produkte handelt und sich andererseits die Frage stellt, ob die recht junge, in dieser Studie angesprochene Zielgruppe der gewünschten Zielgruppe von Ferienwohnungen entspricht. Da zudem die Umsetzung eines Internet-Spiels den Rahmen der vorliegenden Arbeit gesprengt hätte, wurden diese Überlegungen nicht weiter vertieft. Allerdings trifft die in dieser Studie festgestellte Interaktivitätswirkung auch in gewisser Hinsicht auf ein Gästebuch zu, weshalb die Ausführungen der Autoren auf jeden Fall als relevant anzusehen sind.

5.6. Die Studie von Bauer, H.; Meeder, U.; Rennert, S. (2001)

Stand der Forschung 2001 im Bereich Werbewirkungsmessung bei Internetseiten waren die Messung der Reichweiten, die Wirkung von Bannerwerbung oder die qualitative Mikroevaluation von Webseiten, woraus der Wunsch resultierte, mehr über die Determinanten erfolgreicher Werbesites im Internet in Erfahrung zu bringen. Mit diesem Thema, genauer gesagt mit erfolgreicher Werbung im Internet, befasst sich die folgende Studie.

Zunächst wurde von den Autoren ein Untersuchungsmodell aufgestellt, welches sich speziell mit Werbezielen auseinandersetzte. Im vorliegenden Fall wurden dabei nur außerökonomische Zielsetzungen betrachtet, da sich diese Indikatoren nach Meinung der Autoren im Gegensatz zu ökonomischen Zielen besser als unmittelbare Werbezwecke eigenen. Die außerökonomischen Ziele wiederum wurden im Rahmen der Studie eingeteilt in psychometrische und mediale Werbeziele, wobei erstere Aktivierung, Informationsaufnahme, Informationsverarbeitung, Informationsspeicherung sowie Einstellungsziele umfassen. Da in der Studie eine Messung ohne apparative Verfahren erfolgen sollte, wurde eine Einschränkung auf die drei letztgenannten Punkte vorgenommen.

Zunächst wurde die Informationsverarbeitung, also die kognitive Reaktion der Zuwendung einer Person auf den Werbereiz, definiert als die Kurzzeitgedächtnisgestützte Verarbeitung spezieller Stimuli, wie z. B. des kompletten Werbemittels oder einzelner Bestandteile, in diesem Fall Text, Gestaltung oder Navigation. Diese Verarbeitung ist nach Meinung der Autoren als eine Voraussetzung für das Erreichen nachgelagerter Wirkungsziele zu sehen. Dagegen sollte die Informationsspeicherung die Möglichkeit einer Person aufzeigen, einem beworbenen Objekt bestimmte Eigenschaften zuzuordnen. Im Falle der Einstellung wurde definiert, dass diese die wertende Einschätzung einer Person gegenüber der Marke repräsentiert, wodurch sich deren Wesentlichkeit zur Erreichung ökonomischer Ziele herauskristallisierte. Als mediale Größen wurden die Verweildauer und die Wiederbesuchsabsicht in die Untersuchung aufgenommen.

Im Vorfeld der Studie wurden durch Literaturrecherche mögliche Faktoren erfolgreicher Werbung im Internet ermittelt, darunter Inhalt, visuelle Umsetzung, Interaktivität, Technik und Nutzerfreundlichkeit, jedoch beschränkte man sich aus Gründen der Vereinfachungen auf die Betrachtung der Komplexität des Inhalts, der Interaktivität und der Übersichtlichkeit als Merkmal der Nutzerfreundlichkeit. Darauf aufbauend wurde von einem Einfluss des Ausmaßes der Komplexität des Inhalts insbesondere auf die Einstellung ausgegangen. Dagegen sollte das Vorhandensein bestimmter Interaktivitätsfunktionen, wie interessengerechter Navigation, Feedback- und Kontaktmöglichkeit oder einer Suchfunktion die Aktivierung und Aufnahme sowie die Verarbeitung und Speicherung von Informationen begünstigen. Darüber hinaus wurde von bestimmten Erwartungen bezüglich der Interaktivität seitens des Nutzers ausgegangen. Eine Enttäuschung könnte demnach zu negativen Auswirkungen auf die Einstellung führen. Bezüglich der übersichtlichen Gestaltung wurde angenommen, dass z. B. eine unübersichtliche Navigation und Gestaltung den Nutzer überfordern und schließlich frustrieren könnte, was nach Auffassung der Autoren wiederum ebenfalls negative Auswirkungen auf die Einstellung gegenüber der Website haben könnte. Im Gegenzug wurde vermutet, dass eine übersichtliche Gestaltung der Inhalte zu einer leichteren Informationsverarbeitung beitragen könnte.

Im Rahmen eines Pretests wurden zunächst 39 Personen bezüglich der Definitionen und Abgrenzungen der drei Determinanten eingewiesen. Anschließend wurden in Einzelinterviews die drei Ausprägungen hoch, mittel und gering der jeweiligen Faktoren auf 30 verschiedene Webseiten übertragen. Dadurch konnten 9 Webseiten ausgewählt werden, die einem reduzierten Design entsprachen. Die auf den ausgewählten Webseiten vorhandenen Gestaltungselemente wurden anschließend untersucht und tabellarisch erfasst. In der folgenden Hauptstudie sollte im Anschluss daran überprüft werden, ob die Komplexität des Inhalts, die Übersichtlichkeit und die Interaktivität einen statistisch signifikanten Einfluss auf die Informationsverarbeitung, Informationsspeicherung und die Einstellung sowie auf die Verweildauer und Wiederbesuchsabsicht haben. Jeder Untersuchungsteilnehmer der Studie bewertete drei der neun Websites, wobei Informationsverarbeitung, Informationsspeicherung und Einstellung mittels eines Indexes aus Fragen auf einer Skala von 0 bis 100, die Wiederbesuchsabsicht auf einer Skala von 1 bis 6 und die Verweildauer in Minuten festgehalten wurden. Zusätzlich wurden Angaben zum Surfverhalten, zu den Erwartungen im Internet und soziodemografische Daten erhoben.

Durch die Auswertung der gewonnenen Daten zeigte sich, dass den Probanden v. a. die Nutzerfreundlichkeit, gefolgt von Inhalt und der visuellen Gestaltung wichtig ist. Des Weiteren konnte festgestellt werden, dass die Interaktivität einen signifikant positiven Einfluss auf die Informationsverarbeitung und die Komplexität des Inhalts einen ebenfalls signifikant positiven Einfluss auf die Einstellung zur Seite hat. Ein höherer Interaktionsgrad führte in der Untersuchung also zu einer besseren Informationsverarbeitung und eine größere inhaltliche Komplexität letztlich zu einer besseren Einstellung.

Auf Basis dieser Ergebnisse wurde von den Autoren u. a. eine hohe inhaltliche Komplexität empfohlen, welche durch Bilder und Grafiken ergänzt werden könnte um Verweildauern auf der Website zu verlängern. Die nutzerfreundliche Gestaltung kann zum Wiederbesuch anregen und ist deshalb ebenfalls zu empfehlen, genauso wie übersichtliche Gestaltung und Interaktionsgrad, die ebenfalls zur Informationsverarbeitung beitragen. Insgesamt kann sich eine hohe Ausprägung aller drei Faktoren positiv auf den Werbeerfolg auswirken. Alle diese Punkte wurden direkt in der Modellbildung der vorliegenden Arbeit berücksichtigt, weshalb die vorgestellte Studie von großer Relevanz für die zu erreichende Zielsetzung der Arbeit ist.

5.7. Die Studie von Zhang, P.; von Dran, G. (2001)

Die Autoren verwendeten das auf Professor Dr. Noriaki Kano zurückgehende Modell zur Analyse von Kundenwünschen, das sog. Kano-Modell[171], zur Ableitung einer Erklärungsgrundlage für die Abbildung der wahrgenommenen Website-Qualität. Das Kano-Modell differenziert bezüglich der Kundenzufriedenheit die qualitätsbezogenen Einflussfaktoren nach den Ebenen Basisfaktoren (Basic), Leistungsforderungen (Performance) sowie Begeisterungsmerkmalen (Exciting). Basisanforderungen sind so grundlegend und selbstverständlich, dass Besuchern erst bei deren Nichterfüllung ihre implizite Erwartungshaltung bewusst wird, was wiederum in Unzufriedenheit resultiert. Eine Erfüllung hingegen führt nicht zu Zufriedenheit sondern lediglich zu Nicht-Unzufriedenheit also Indifferenz. Übertragen auf die Tourismusdomain fallen hierunter beispielsweise Sauberkeit sowie fließend warmes und kaltes Wasser in einer Ferienwohnung. Leistungsanforderungen hingegen wirken sich proportional auf die Zufriedenheit der Besucher aus, d. h. eine Steigerung eines Leistungsmerkmals führt auch zu einer Erhöhung der Kundenzufriedenheit und umgekehrt. In einer Fewo könnte beispielsweise die Aufgeschlossenheit und Freundlichkeit des Vermieters als Leistungsmerkmal bezeichnet werden. Letztlich sind Begeisterungsmerkmale Eigenschaften, mit denen der Besucher nicht rechnet. Diese können einen überproportionalen Nutzeneffekt auf die Zufriedenheit der Kunden haben. Beispiele hierfür wären ein Früchtekorb zum Empfang oder auch das Vorhandensein einer Schuhputzmaschine, um nur einige zu nennen.

Das Offerieren einer Website wurde von den Autoren weiterhin als Service aufgefasst, was sie zur Grundlage nahmen, das der klassischen Werbewirkungsforschung entstammende Kano-Modell auf Websites zu übertragen. Bezogen auf Bestandteile von Internetseiten ergaben sich nach dem oben vorgestellten Modell die Service-Kategorien Basis-Elemente, Leistungs-Elemente und Begeisterungs-

---

[171] Vgl. Kano, N.; Tsuji, S.; Seraku, N.; Takahashi, F. (1984).

Elemente. In Pretests wurde die Auswahl von ursprünglich 74 potenziell zu untersuchenden Website-Elementen und Eigenschaften auf 32 eingeschränkt, darunter u. a. das Vorhandensein einer Hilfsnavigationen, als Blickfang eingesetzte Bilder auf der Startseite eines Auftritts, die Integration einer Suchfunktion und die Erkennbarkeit von Indikatoren für die aktuelle Position des Users innerhalb der Seitenstruktur, wie z. B Breadcrumbs.[172] Eine vollständige Liste der Elemente findet sich in Zhang, P.; von Dran, G. (2001) auf Seite 5.

An der anschließend durchgeführten Studie nahmen 70 Personen mittleren Alters (Ø 33 Jahre), darunter größtenteils Akademiker mit einer Interneterfahrung von durchschnittlich 4,6 Jahren teil, wobei sich die befragte Gruppe zu etwa einem Drittel (32 %) aus Männern und zu zwei Dritteln (68 %) aus Frauen zusammensetzte. Vor Beginn der Studie wurden den Probanden die Definitionen zu den drei Qualitätskategorien und zusätzlich jeweils Beispiele zur Verfügung gestellt. Anschließend wurde jeder Teilnehmer gebeten, die Web-Site-Elemente von CNN.com in eine Kategorie einzuordnen und aufgrund seiner eigenen Auffassung ein Statement abzugeben, ob sich die Elementzuordnung zur gewählten Kategorie im Zeitraum seiner Interneterfahrung geändert hätte. Diese Fragestellung sollte Aufschluss drüber geben, ob in der schnelllebigen Internetwelt Begeisterungs-Elemente dazu tendieren, durch die vermehrte Adaption weiterer Anbietern nach einiger Zeit nur noch als Leistungs-Elemente und danach vielleicht sogar nur noch als Basis-Elemente betrachtet zu werden.

Diese Vermutung konnten die Autoren durch die Studie bestätigen. Darüber hinaus ergab sich für die Kategorien Basic und Exciting eine signifikante Zuordnung der Elemente, wobei als wichtigste Basis-Bestandteile die Fehlerfreiheit der angebotenen Information sowie die Ladezeit der Seite genannt wurden. In der Dimension Begeisterungs-Bestandteile waren dagegen interaktive Elemente wie Multimedia von größter Bedeutung. Als problematisch hat sich die Untersuchung der Kategorie Performance erwiesen, da hier die Meinungen der Befragten abhängig von ihren demografischen Hintergründen und dem Ziel der Informationssuche stark divergierten.

---

[172] Vgl. definierte Einflussgrößen aus Kap. 3.1.

Deshalb wurde eine zweite Erhebung durchgeführt, die im Gegensatz zur Top-Down-Analyse der ersten Studie nach dem Bottom-Up-Verfahren die wahrgenommene Qualität von Website-Elementen aus den verschiedenen Themenbereichen Finanzwesen, E-Commerce, Unterhaltung, Bildung, öffentliche Einrichtungen und Gesundheitswesen analysieren sollte. Die Probanden, diesmal 67 Hochschulabsolventen, wurden jeweils gebeten, die fünf wichtigsten Eigenschaften einer Internetseite aus den verschiedenen Bereichen in absteigender Ordnung zu nennen. Die Ergebnisse wurden computerbasiert unter Verwendung von Stemming-Algorithmen ausgewertet und aggregiert. Anschließen wurde anhand ihres individuellen Rankings für jedes Element und jede Eigenschaft die gewichtete relative Häufigkeit berechnet. Es stellte sich heraus, dass die grafische Gestaltung einer Website mit einem Score von 172 Punkten die wichtigste Eigenschaft für den Unterhaltungsbereich ausmachte. Bei öffentlichen Einrichtungen und im Bildungssektor belegte die Spitzenposition die Einfachheit der Navigation mit 100 bzw. 107 Punkten. Bei Auftritten des Finanzwesens war mit 92 Punkten die Aktualität der dargestellten Information von größter Bedeutung, wohingegen bei Seiten des Gesundheitswesens mit 87 Punkten größter Wert auf Fehlerfreiheit der Daten gelegt wurde. Abschließend wurde im Sektor E-Commerce die Datensicherheit mit 121 Punkten als herausragendes Kriterium ermittelt. Die meist genannten Bestandteile dieser zweiten Studie entsprechen darüber hinaus zu einem sehr hohen Anteil der Basis- und Performance Elemente aus der ersten Erhebung. Da nach den wichtigsten Bestanteilen gefragt wurde, ist klar, dass Begeisterungs-Elemente mit ihrer Eigenschaft als positiv bewerteter Überraschungseffekte, hier kaum genannt wurden. Weiterhin kamen einige bereichsspezifische Besonderheiten, wie beispielsweise die Angabe von Produkt und Service-Preisen im E-Commerce dazu, die aufgrund ihrer Spezifität in der Top-Down-Analyse vernachlässigt wurden. Einen vollständigen Überblick der Ergebnisse gibt Zhang, P.; von Dran, G. (2001) in tabellarischer Form auf Seite 8.

Zusammenfassend kamen die Autoren zu dem Ergebnis, dass sich für jeden der verschiedenen Themenbereiche jeweils ein erweitertes Kano-Modell mit spezifischen Website-Qualitätsmerkmalen unterschiedlicher Gewichtung aufstellen lässt. Kritisch lässt sich hierbei anmerken, dass bei den vorgestellten Untersuchungen jeweils Hochschulabsolventen mit großer Interneterfahrung als Probanden herangezogen wurden und diese nicht unbedingt einen repräsentativen Schnitt durch die breite Masse der Internetnutzer darstellen. Auch wenn der Tourismussektor bei dieser Studie nicht explizit mit untersucht wurde, so sind doch die allgemeinen Erkenntnisse über Qualitätsmerkmale im E-Commerce in die Modellbildung der vorliegenden Arbeit mit eingeflossen.

5.8. Die Studie von Grösswang, B.; Kurz, H. (2000)

Die folgende Studie befasste sich mit den Ursachen der Akzeptanz von kommerziellen und universitären Websites, wobei in einer empirischen Überprüfung genauer analysiert wurde, wie die Zielgruppe zu einem Wiederbesuch der Webseite bewegt werden kann.

Auslöser der Arbeit war der zu dieser Zeit vorherrschende Internet-Hype und der daraus resultierende Informations-Dschungel im Netz. Suchmaschinen boten zwar die Möglichkeit, Internetadressen per Mauklick zu einem Thema anzeigen zu lassen, jedoch deckte dieses Vorgehen gerade im Jahr 2000 nur einen kleinen Teil des eigentlichen Internet-Spektrums ab. Daraus ergab sich der Bedarf, die eigene Internetadresse auf verschiedenen Weisen gezielt zu bewerben und somit bekannt zu machen. Dieser Bereich des Internetmarketings umfasste beispielsweise das Anlegen von Links zu anderen Webseiten, das Schalten von Bannern oder die Ausstrahlung von TV-Spots, um Personen zum Erstbesuch der Seite zu bewegen. Aus wissenschaftlicher Sicht jedoch noch wichtiger und interessanter empfanden die Autoren das Thema des Wiederbesuchs einer Website, um daraus bezüglich der Website-Nutzung allgemein gültige Gesetzmäßigkeiten ableiten zu können. Von besonderer Relevanz war dabei die Frage nach besonderen Merkmalen einer Seite, die eine geringe oder hohe Wiederbesuchsrate auslösen können. Weiterhin beschäftigte die Autoren die Frage, ob für einen Internetauftritt – ähnlich wie in der klassischen Werbung – eine emotionale Aufmachung mehr Aufmerksamkeit erregen könnte, als der tatsächliche Inhalt der Seite. Hieraus wiederum resultierte die Frage, ob sich für alle Typen von Websites und Internetnutzern identische oder verschiedene Wirkungsmodelle nachweisen lassen.

Die so aufgeworfenen Fragestellungen sollten in zwei Studien der Wirtschaftsuniversität Wien, welche sich eigentlich nur in der Art der untersuchten Website unterschieden, überprüft werden. Die erste Studie befasste sich mit 13 kommerziellen Internetauftritten, die Zweite in gleicher Weise mit 4 universitären. Als Teilnehmer der Untersuchung wählte man Studenten. Zum Einen da diese damals zu den verhältnismäßig häufigsten Webnutzern Österreichs zählten, zum Anderen, da sie eine Haupt-Zielgruppe der getesteten Websites darstellten. Auch die gewählte Testmethodik, die für beide Studien verwendet werden sollte, gab einen Anlass zu dieser Wahl. In einem speziellen Testraum der WU wurde für die Untersuchung ein PC aufgestellt, an dem die Probanden jeweils 7 bis 10 Minuten auf einer bestimmten Internetseite surfen sollten. Im Anschluss daran bewerteten die Teilnehmer die betrachtete Website in einem standardisierten Interview. Insgesamt umfasste die erste Studie 227 und die zweite 101 Teilnehmer.

Durch die Auswertung der gewonnenen Daten ergab sich für kommerzielle Websites, dass das Gefallen der Seite, sowie die Absicht diese später wieder aufzusuchen im Unterschied zur klassischen Werbung vom Inhalt abhängt und nicht von der emotionale Aufmachung der Website. Der Inhalt an sich wurde dabei aufgeteilt in reinen Informationsgehalt und Unterhaltungswert. Über dies hinaus konnte ein statistisch bedeutsamer, aber deutlich geringerer Einfluss der Aufmachung und der Aktualität der Website auf das Gefallen festgestellt werden. Informationen mit einem hohen persönlichen Nutzen für den Website-Besucher waren also hauptverantwortlich für das Gefallen und die Wiederbesuchsabsicht des Internetauftritts.

Im Falle der universitären Internetauftritte zeigte sich, dass diese im Vergleich zu kommerziellen Seiten relativ gut abschnitten, obwohl sie nicht von professionellen Webdesignern gestaltet worden waren. Die Seiten wurden größtenteils als benutzerfreundlich und übersichtlich empfunden, Unterhaltsamkeit und Ideenreichtum vermissten viele Probanden jedoch. Speziell für einen der Auftritte wurden weitere Analysen durchgeführt. Durch eine Faktorenanalyse wurden dabei die drei Hauptkriterien Inhalt, einfache Handhabung und Interaktivität ermittelt. Im Anschluss daran zeigte eine Regressionsanalyse den Einfluss der drei Kriterien und einiger zusätzlicher Kontrollvariablen wie Geschlecht, Alter oder Studiendauer auf die Akzeptanz der Website. Dabei wurde offensichtlich, dass die empfundene Qualität des Inhalts den stärksten Einfluss auf das positive oder negative Gefallen hatte, was sich laut Studie auch auf die Wiederbesuchsabsicht auswirkte. Jedoch war auch die einfache Handhabung, die sich z. B. in Benutzerfreundlichkeit, Übersichtlichkeit und gut lesbarer Schrift äußerte, ein wichtiger Punkt im Hinblick auf das Gefallen der Website. Insgesamt wurde deutlich, dass die Wiederbesuchsabsicht umso höher war, je interessanter, nützlicher und unterhaltsamer der Inhalt der Seite empfunden wurde, wobei das Gefallen an sich jedoch keinen direkten Einfluss auf diese Absicht hatte. Auch von den einbezogenen Kontrollvariablen ging kein statistisch signifikanter Einfluss aus. Abschließend wurden die Ergebnisse der beiden Studien miteinander verglichen, wobei Wirkungsunterschiede und -gemeinsamkeiten für kommerzielle und universitäre Webseiten festgestellt werden konnten. In beiden Fällen kam es bezüglich des Gefallens und der Wiederbesuchsabsicht der Website an erster Stelle auf den Inhalt und an zweiter Stelle auf eine übersichtliche und benutzerfreundliche Gestaltung an. Bei kommerziellen Seiten kam es zusätzlich v. a. auf Aktualität der Website und im Bezug auf die Wiederbesuchsabsicht auf das Interesse an den Produkten des Anbieters, also auf das Involvement an. Insgesamt bewährte sich das hypothetische Konstrukt zur Erklärung der Akzeptanz von Websites durch generelles Gefallen und Wiederbesuchsabsicht in beiden Studien. Daraus konnten u. a. folgende Empfehlungen für das Design von Websites abgegeben werden: Die angebotenen Informationen sollten speziell dem persönlichen Nutzen der Zielgruppe angepasst werden. Ausreichend große, am besten dunkle Schrift auf hellem Hintergrund sollte aus Gründen der Augenfreundlichkeit verwendet werden. Insgesamt sollten nicht zu viele Farben gebraucht werden und der Inhalt übersichtlich gegliedert sein und beispielsweise mit Navigations- und Suchhilfen versehen werden.

Aus den gewonnenen Erkenntnissen wird ersichtlich, dass interessante und durchaus relevante Einflussfaktoren auf die Widerbesuchsabsicht von Website-Benutzern vorliegen. Diese wurden bei der Grundlagenerstellung der Arbeit und v. a. im Hinblick auf das Werbewirkungsmodell berücksichtigt.

6. Hypothesen

Unter Verwendung der theoretischen Überlegungen zu relevanten Einflussgrößen und ihren funktionalen Beziehungen werden nun aus dem Werbewirkungsmodell von Kap. 3.2 die für eine spätere Untersuchung relevanten Hypothesen abgeleitet. Vor jeder aufgestellten Hypothese liefert ein rückblickender Satz den zusammenfassenden Beleg für die theoretische Grundlage der Hypothese. Insgesamt ergeben sich so sieben zu untersuchende Annahmen, jeweils eine für jedes zu berücksichtigende Website-Element.

Das Website-Element Gästebuch unterstützt neben der potenziellen Objektivität der Informationsbereitstellung durch seine Interaktivitätsfunktion den Ich-war-hier-Effekt der Besucher und kann so zu einer verstärkten emotionalen Bindung und einer positiveren Einstellung zur Website beitragen.

H_1 Die Integration eines Gästebuchs wirkt sich positiv auf die wahrgenommene Website-Qualität aus.

Die Verwendung eines grafischen Raumplans zur Wohnungsbeschreibung kann neben der Eye-Catcher-Wirkung die Visualisierung und damit die zeitliche Dauer der Informationsverarbeitung verkürzen, was zur einer positiven Beeinflussung der Einstellung zur Website führen kann.

H_2 Die Darstellung eines Raumplans wirkt sich positiv auf die wahrgenommene Website-Qualität aus.

Um den affektiven Eindruck von Internetnutzern und damit die wahrgenommene Website-Qualität in den ersten entscheidenden Sekunden des Seitenbesuchs positiv zu beeinflussen, bieten sich durch ihren hohen Erlebnis- und Unterhaltungswert zusätzliche bildhafte Impressionen als besonders aktivierungsstarke Elemente mit großer Fixationshäufigkeit an.

H_3 Die Integration von Stimmungsbildern wirkt sich positiv auf die wahrgenommene Website-Qualität aus.

Zur Schaffung eines schnellen und einfachen Informationszugriffs, der Unterstützung des Explorationsbedürfnisses des Besuchers und der besseren Orientierung innerhalb der Website können zusätzliche Navigationselemente beitragen und so durch Effizienzverbesserung die kognitive und emotionale Einstellung des Besuchers zur Seite positiv beeinflussen.

H_4 Die Integration zusätzlicher Navigationsfunktionen wirkt sich positiv auf die wahrgenommene Website-Qualität aus.

Um Frustration durch Nichtauffinden von Information bei Seitenbesuchern von vorne herein zu vermeiden, somit die Verweildauer der Besucher auf der Seite zu erhöhen und ihnen zusätzlich ein entscheidendes visuelles Signal dieser Serviceleistung anzubieten, kann das Einbinden einer Suchmaske ebenfalls einen deutlichen Beitrag zur Verbesserung der Einstellung der Nutzer zur Website leisten.

H_5 Die Integration einer Suchfunktion wirkt sich positiv auf die wahrgenommene Website-Qualität aus.

Die emotional ansprechende grafische Gestaltung einer Website mit geschwungenen Elementen und abgerundeten Ecken sowie zusätzlichen Hintergrundgrafiken kann neben der Steigerung der Orientierungswirkung einen positiven Einfluss auf das Blickverhalten und damit affektiv auch auf die wahrgenommene Qualität der Website haben.

H_6 Aufwändige grafische Gestaltungselemente wirken sich positiv auf die wahrgenommene Website-Qualität aus.

Durch ein grafisch gestaltetes und richtig platziertes Logo kann ebenfalls der erste Eindruck einer Internetseite geprägt und darüber hinaus die Aufmerksamkeit des Besuchers in das dargestellte Angebot gesteigert werden, was sich positiv auf die Einstellung zur Website auswirken kann.

H_7 Die Integration eines Logos wirkt sich positiv auf die wahrgenommene Website-Qualität aus.

7. Empirische Studie

Zur Überprüfung der im vorangegangen Kapitel aufgestellten Hypothesen und der Datenerhebung für die einleitend in Kap. 2.2 formulierten weiteren Fragestellungen wird nun eine empirische Untersuchung durchgeführt. Anschließend werden in Kap. 8 die hier gewonnenen Erkenntnisse zusammengefasst und mit Handlungsempfehlungen abgerundet.

Bevor allerdings eine Prüfung der Hypothesen erfolgt, soll eine kurze Voruntersuchung die Relevanz der Thematik und den vorhandenen Handlungsbedarf aufzeigen.

7.1. Voruntersuchung zur Relevanz der Elemente

Wie bereits mehrfach erwähnt, liegen nur wenige empirische Erkenntnisse über die positiven oder negativen Auswirkungen der beschriebenen Website-Elemente vor. Um grundlegend ein besseres Verständnis für die einleitend beschriebenen Probleme von Tourismus-Webseiten und die damit verbundenen Verbesserungspotenziale zu schaffen, bietet es sich an, den Status quo von privaten Fewo-Websites näher zu betrachten. Hierzu wurden am 16.12.2006 aus der bereits diskutierten Google-Suche [1] die ersten 20 Internetauftritte privater Vermieter ausgewählt und jeweils auf das Vorhandensein der vorgestellten Website-Elemente überprüft.

Darüber hinaus sollte die Untersuchung dreier weiterer Kriterien Aufschluss über die in Kap. 2 beschriebenen Probleme des unprofessionellen Webdesigns geben. Diese weiter unten aufgeführten Kriterien sind für Website-Besucher nicht direkt ersichtlich, da sie lediglich aus dem Quellcode der Seite hervorgehen, was sie – bis auf die Verwendung in Expertenbefragungen – für Website-Tests ungeeignet macht. Die Zusatzkriterien spiegeln allerdings direkt die Qualität der technischen Umsetzung bzw. Programmierung der Webseiten wider, weshalb sie in dieser Relevanzbetrachtung explizit mit aufgenommen wurden, obwohl sie im weiteren Verlauf der eigentlichen Studie keine Rolle mehr spielen werden.

CSS   Das Layout der Internetseite wurde korrekt mittels CSS vom Inhalt getrennt. Es werden keine den W3C-Richtlinen widersprechenden Layouttabellen verwendet.

FRL   Die Internetseite ist frei von Frame-Elementen.

W3C   Die Markupsprache HTML bzw. XHTML wurde korrekt verwendet, so dass die entsprechende Seite vom W3C-Validation Service [17] validiert werden kann.

Da technische Ausführungen zu den Kriterien über den Rahmen dieser Arbeit hinaus gehen würden, sei der interessierte Leser bezüglich weiterführender Informationen auf Münz, S. (2005) bzw. auf die Richtlinien und Veröffentlichung des W3-Konsortiums [10] zur Thematik verwiesen.

Im Zuge der Auswertung der ersten zwanzig Suchtreffer erhielt jede Internetseite bei Vorhandensein des entsprechenden Bewertungskriteriums einen Punkt. Es ergab sich ein Mittelwert von lediglich 2,5 also gerade einmal einem Viertel der zu erreichenden Maximalpunktzahl von 10.

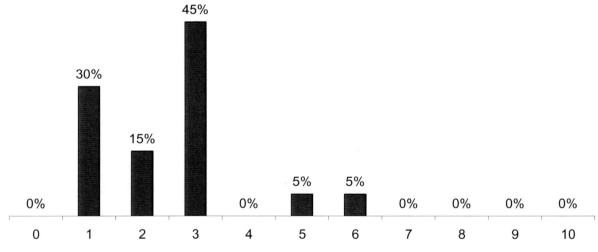

Abb. 5: Punkteverteilung der TOP-20 Fewo-Seiten in Google

Die Häufigkeitsverteilung der Punktevergabe ist in Abb. 5 zusammenfassend dargestellt. Einen detaillierten Überblick gibt Tabelle 1.

POS	URL	CSS	FRL	W3C	LOG	GGE	GÄB	RPL	SFK	ZNV	IMP
1	http://www.cuxkurlaub.de	0	1	0	1	0	1	0	0	0	0
2	http://www.fewo-moser.de	0	1	0	0	0	0	0	0	0	0
3	http://www.ferienwohnung-zahor.de	0	1	0	0	0	1	1	0	0	0
4	http://www.inselusedom-ferienwohnung.de	1	1	0	0	1	0	0	0	0	0
5	http://www.ferienwohnung-starnberger-see.de	1	1	0	0	0	0	0	0	0	0
6	http://www.kutscherhuus.de	0	1	0	1	0	0	1	0	0	0
7	http://www.schierke-brocken.de	0	1	0	0	1	1	0	0	0	0
8	http://www.gutshof-bastorf.de	1	1	0	1	1	0	1	0	0	1
9	http://www.ferienwohnung-berlin-tegel.de	0	1	0	0	0	0	1	0	1	0
10	http://www.fewo-rombach.de	0	1	0	0	0	1	0	0	0	0
11	http://www.preiswerte-ferienwohnung-in-berlin.de	0	1	0	0	0	1	1	0	0	0
12	http://meeresbrise.de	0	1	0	1	0	0	1	0	0	0
13	http://www.harz-ferienwohnung-harz.de	0	1	0	0	0	0	0	0	0	0
14	http://www.ruegeninsel.de	1	1	1	1	1	0	0	0	0	0
15	http://www.haus-willberg.de	0	1	0	0	0	0	1	0	0	0
16	http://www.seedorf-ruegen.de	0	1	0	0	0	1	1	0	0	0
17	http://www.ferienwohnung-kutscher.de	0	1	0	0	0	0	0	0	0	0
18	http://freenet-homepage.de/kellerkinder	0	1	0	0	0	0	0	0	0	0
19	http://www.ferienwohnung-nordsee-dorum.de	0	1	0	0	0	0	0	0	0	0
20	http://www.ferienwohnung-im-erzgebirge.de	0	0	0	0	0	0	1	0	0	0

Tabelle 1: Bewertung der TOP-20 privaten Fewo-Seiten in Google

Die Ergebnisse dieser Voruntersuchung belegen mit deutlichen Zahlen die Relevanz der ausgewählten Elemente und das damit vorhandene Verbesserungspotenzial, sofern sich die vorgestellten Website-Elemente wirklich positiv auf die Einstellung der Besucher zur Website auswirken sollten. Wirft man einen genaueren Blick auf die relativen Häufigkeiten der vorgefundenen Bestandteile in Abb. 6, kann man noch deutlicher erkennen, wo genau besonders hohe Verbesserungspotenziale liegen könnten.

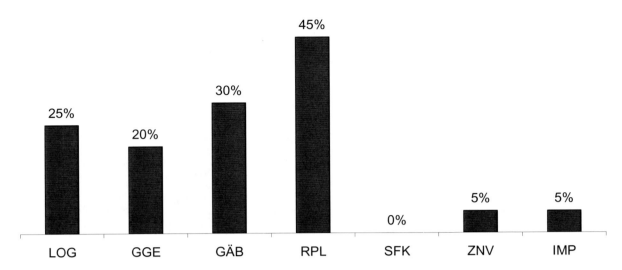

Abb. 6: Website-Elemente in TOP-20 privaten Fewo-Seiten in Google

Da nun festgestellt wurde, dass – wie vermutet – eine Vielzahl von Fewo-Internetauftritten verbesserungswürdig ist, gilt es nun zu prüfen, ob die bisher aufgestellten Theorien über die Auswirkung der besagten Website-Elemente empirisch belegt werden können und so wirklich von einem positiven Einfluss der Elemente auf die Besucherwahrnehmung ausgegangen werden kann.

Wie in Kap. 4.2 begründet, soll im Rahmen dieser Zielsetzung eine Conjoint-Analyse durchgeführt werden. Hierbei orientiert sich der Aufbau der weiteren Überlegungen an Backhaus, K.; Erichson, B.; Plinke, W.; Weiber, R. (1996), nachdem sich die Vorgehensweise im Zuge einer Conjoint-Analyse in fünf Schritte aufteilen lässt.[173] Zunächst werden Eigenschaften und Eigenschaftsausprägungen festgelegt. Anschließend erfolgen die Auswahl der Conjoint-Methode und die Definition des Erhebungsdesigns. Unter Verwendung dieser Information können daraufhin die Website-Entwürfe für den Fragebogen erstellt und dieser an die Probanden ausgegeben werden, damit sie die enthaltenen Stimuli bewerten und in eine Rangreihe bringen können. Hieraus werden in Schritt vier der Analysemethode die Teilnutzenwerte der einzelnen Eigenschaftsausprägungen geschätzt. Abschließend wird die Nutzenstruktur der Einzelpersonen dann in Schritt fünf analysiert und geeignet aggregiert, damit eine Aussage über den durchschnittlichen Gesamtnutzenbeitrag jedes Website-Elements gemacht werden kann. Da im Zuge der Befragung der Probanden noch einige weitere Daten erhoben werden

---

[173] Vgl. Backhaus, K.; Erichson, B.; Plinke, W.; Weiber, R. (1996), S. 497 ff.

sollen, werden zwischen den Ablaufschritten drei und vier, also vor der Datenauswertung der Conjoint-Analyse noch einige Ausführungen zur Gestaltung des PDF-Fragebogens und zur Durchführung der EMS und der damit zusammenhängenden Datengewinnung eingeschoben.

7.2. Festlegung der Eigenschafsausprägungen

Die für die Conjoint-Analyse nötigen Produkteigenschaften der Website sind durch die theoretischen Überlegungen aus Kap. 3 dieser Arbeit bereits als unabhängige Variablen vorgegeben, so dass lediglich noch deren Ausprägungen festgelegt werden müssen. Dies stellt allerdings kein Problem dar, da die Ausprägungen in diesem Fall binär sind, da ein Element entweder auf einer Website vorhanden ist oder eben nicht. Für die Conjoint-Analyse müssen die zu untersuchenden Bestandteile allerdings noch einige weitere Anforderungen erfüllen. Zunächst sollten alle Elemente voneinander unabhängig sein, sich also nicht gegenseitig beeinflussen, wovon bezüglich der vorgestellten Website-Elemente ausgegangen werden kann. Weiterhin ist von Bedeutung, dass sich der Gesamtnutzen der Internetseite additiv aus dem Nutzen der vorgestellten Elemente zusammensetzt und die Elemente keine Ausschlusskriterien darstellen, also nicht zwingend auf einer Website vorhanden sein müssen, was ebenfalls anzunehmen ist. Durch die erklärende Theorie ist auch die nötige Relevanzvermutung erfüllt. Weiterhin sind die Eigenschaften für die Seitenbetreiber nach der Argumentation aus Kap. 3.1 beeinflussbar und auch realisierbar, weshalb die Analyse weiter durchgeführt werden kann. Die abhängige Variable des Conjoint-Verfahrens stellt die Präferenz der Auskunftspersonen für die einzelnen Website-Entwürfe dar. Diese werden im nächsten Schritt auf Basis eines festzulegenden Untersuchungsdesign entwickelt.

7.3. Erhebungs- und Entwurfsdesign

Nachdem von den Probanden Internetauftritte in ihrer Gesamtheit beurteilt werden sollen, müssen verschiedene Kombinationen der einzelnen Elemente in eine Website integriert werden. Grundsätzlich wäre denkbar, aus allen theoretisch möglichen Kombinationen der Eigenschaftsausprägungen Stimuli zu erstellen, was in diesem Fall bei sieben zu untersuchenden Elementen mit den Ausprägungen 0 und 1 insgesamt 128 verschiedene Website-Entwürfe zur Folge hätte. Alle Stimuli dieses vollständigen Designs müssten von den Probanden beurteilt und in eine Reihenfolge gebracht werden, was weder zu sinnvollen Ergebnissen führen, noch der Zielgruppe zugemutet werden kann. Deshalb wurde die Anzahl der theoretisch möglichen Stimuli computergestützt durch die SPSS-Methode ORTHOPLAN auf das minimale orthogonale Design in Tabelle 2 reduziert. Jeder der acht resultierenden Website-Entwürfe, die auch als Plancards bezeichnet werden, enthält eine spezifische Kombination der sieben zu untersuchenden Website-Elemente.

Stimulus	GÄB	RPL	IMP	ZNF	SFK	GGE	LOG
Entwurf 1	0	0	1	1	1	1	1
Entwurf 2	0	1	1	0	1	0	0
Entwurf 3	1	0	0	1	1	0	0
Entwurf 4	1	0	1	0	0	0	1
Entwurf 5	1	1	1	1	0	1	0
Entwurf 6	0	0	0	0	0	1	0
Entwurf 7	1	1	0	0	1	1	1
Entwurf 8	0	1	0	0	0	0	1

Tabelle 2: Orthogonales Untersuchungsdesign der Conjoint-Analyse

Als Grundlage für die Website-Entwürfe diente für die Studie die bestehende Internetseite des Prasixpartners. Da diese unter Verwendung des in Kap. 3.1 erwähnten CMS Typo3 programmiert wurde, wäre es durchaus möglich gewesen, die Stimuli für die Befragung direkt in Form funktionstüchtiger Webseiten zu erstellen. Aufgrund der schlechten Integrierbarkeit in das geplante PDF-Formular und der fehlenden Kontrollmöglichkeit der Probanden während einer EMS wurde diese Erwägung allerdings wieder verworfen. Deshalb wurden für die Studie grafische Entwürfe der acht Website-Varianten umgesetzt, wobei die einzelnen Website-Elemente jeweils an die CI des Praxispartners angepasst wurden. Die so erstellten Grafiken bieten den Vorteil, dass sie direkt in ein PDF-Formular integriert werden können und so nach dem Motto „Do everything in one place" einen Beitrag zu einem konsistenteren und schnelleren Erhebungsablauf leisten. Die

Abbildungen der einzelnen Entwürfe sind im Anhang im Zuge des dort enthaltenen Fragebogens in Abb. 29 bis Abb. 36 wiedergegeben.

7.4. Gestaltung des Fragebogens

Die Argumentation über mögliche Erhebungsmethoden aus Kap. 4 hat letztlich dazu geführt, dass für die schriftliche E-Mail-Befragung ein digitales PDF-Formular gewählt wurde. Hierzu wurde zunächst der für den Fragebogen nötige Text mit allen in Kap. 2 aufgeworfenen Fragestellungen verfasst. Die verwendeten Fragestellungen und Antwortmöglichkeiten orientieren sich dabei weitläufig an der Literatur. So wurden wie bei Neibecker, B. (1998) motivierende, ergänzende und kontextöffnende Kommentare verwendet, wie beispielsweise: „Stellen Sie sich vor, Sie verwenden für Ihre Suche nach der Ferienwohnung im Internet eine Suchmaschine wie Google. Welche Suchbegriffe würden Sie in die Suchmaschine eingeben?"[174] Außerdem wurden möglichst kurze und leicht verständliche zielgruppenorientierte Fragen gestellt[175], die bis auf die Fragen nach fehlenden Website-Elementen, Suchbegriffen und wichtigen Fewo-Eigenschaften alle in geschlossener Form formuliert wurden, um eine einfache Auswertbarkeit zu gewährleisten[176]. Dabei basieren die im Selbsteinstufungsverfahren für die Bewertung von Statements verwendeten Rating-Skalen mit sieben Stufen auf den von Berekoven, L.; Eckert, W.; Ellenrieder, P. (1991) geforderten Werten, um die Diskriminationsfähigkeit der Auskunftspersonen nicht zu überfordern.[177] Der gesamte Fragebogen zur vorliegenden Studie ist im Anhang A der Arbeit enthalten. Auf die einzelnen Fragestellungen wird allerdings erst im Zuge der detaillierten Auswertung in Abschnitt 7.8 näher eingegangen.

Zur Integration der Conjoint-Stimuli in den Fragebogen wurden alle erstellten Entwürfe jeweils als eigene Seite in das PDF eingebunden. Die Verwendung von vektorbasierten Bilddatenformaten, wie in diesem Fall EPS, ermöglichte hierbei eine für alle Probanden bildschirmgerechte Skalierung im Vollbildmodus, sowie eine für die E-Mail-Übertragung akzeptable Datenkompression. Damit alle Ent-

---

[174] Vgl. Neibecker, B. (1998), S. 230.
[175] Vgl. Gierl, H. (1995), S. 210 f.
[176] Vgl. Berekoven, L.; Eckert, W.; Ellenrieder, P. (1991), S. 95.
[177] Vgl. Berekoven, L.; Eckert, W.; Ellenrieder, P. (1991), S. 69 f.

würfe in gleicher Form und Dauer auf die Testpersonen wirken können, bevor sie diese bewerten, wurden per Acrobat-Javascript für alle Entwurfsseiten automatische Seitenübergänge nach zehn Sekunden programmiert. Um die Probanden weiterhin ausreichend auf den diashowähnlichen Durchgang vorzubereiten und sie nicht unnötig zu verunsichern, wurden der ersten Website-Variante einleitende Hinweise und Erklärungen zum Ablauf der Umfrage sowie zur Bedienung des PDFs vorangestellt. Direkt im Anschluss an die Präsentation der Entwürfe enthält der PDF-Fragebogen eine Übersichtsseite, auf der alle Stimuli übersichtlich nebeneinander angeordnet wurden und so von den Probanden verglichen und bewertet werden können. Hierzu wurde unter jeder Miniaturansicht der entsprechenden Internetseite eine Combo-Box mit den Bewertungsmöglichkeiten von 1 bis 8 angebracht und zusätzlich eine Vergrößerungsansicht für die Thumbnails der Webseiten programmiert, damit die Probanden diese auf der Übersichtsseite noch einmal genauer beurteilen können. Da das Conjoint-Verfahren eine Rangreihenbildung zwischen den einzelnen Stimuli voraussetzt, wurde mit großem Aufwand weiterhin eine automatische Validierungsregel erstellt, die bei einer Auswahl eines Wertes für einen Entwurf diesen Wert automatisch für alle anderen Entwürfe sperrt. So kann sichergestellt werden, dass die Probanden den Fragebogen nicht durch gleiche Bewertung verschiedener Entwürfe ungültig machen können. Auf der letzten Seite des PDFs wurde eine Schaltfläche zum Absenden des Fragebogens eingebunden. Sobald eine Testperson alle Fragen beantwortet hat, kann sie hierdurch ihre abgegebenen Daten direkt per E-Mail zurücksenden, was eine erhebliche Arbeitserleichterung bei der Datenerfassung darstellt. Das von Adobe entwickelte und an XML angelehnte XFDF-Format, in dem die Daten zurückgesendet werden, enthält dabei lediglich die von den Probanden eingegebenen Daten, wodurch sich die Dateigröße bei der Rücksendung im vorliegenden Fall auf lediglich 2 kB einschränken ließ. Demzufolge lassen sich mit dieser Methode auch sehr umfangreiche Erhebungen durchführen ohne dabei Unmengen unnötiger Daten zu produzieren. Weiterhin können die zurückgesendeten Antworten computergestützt zusammengefasst und direkt in SPSS übernommen werden, was ebenfalls eine enorme Arbeitserleichterung darstellt.

Vor der anschließenden Auswertung der durchgeführten Studie folgen nun noch einige Anmerkungen zur Erfassung der Daten.

7.5. Datengewinnung

Um die Probanden zur Beantwortung des Fragebogens anzuregen, wurden vom Praxispartner drei Wellness-Wochenenden als Incentive zur Verlosung unter den ersten 100 zurückgesendeten Fragebögen bereitgestellt. Somit hatte jeder Teilnehmer eine dreiprozentige Gewinnchance, womit auch explizit im Anschreiben der EMS geworben wurde. Die besondere Betonung der Verlosungsrestriktion auf die ersten 100 Rücksendungen sollte für die angeschriebenen Personen einen zusätzlichen Anreiz zur schnelleren Beantwortung darstellen, was auch insofern sein Ziel erreicht hat, als dass bereits am Tag nach dem Anschreiben 61 % der Antworten eingegangen sind. Von insgesamt im Zeitraum zwischen dem 14.04. und dem 24.04.2007 angeschriebenen 1196 Personen – darunter auch einigen Studenten, um auch die zukünftige Zielgruppe ausreichend zu berücksichtigen – antworteten insgesamt 108 Personen, was ziemlich genau einem Anteil von 9 % entspricht. Da im Zuge der Verlosung lediglich die ersten 100 Antworten mit einflossen, wurde auch nur dieser Anteil für die Datenauswertung berücksichtigt. Dieses Vorgehen bietet den Vorteil, dass die absoluten Häufigkeiten auch den relativen Häufigkeiten entsprechen, weshalb die gewonnen Daten sehr intuitiv interpretierbar sind. Durch das beschriebene PDF-Validierungsverfahren konnte weiterhin sichergestellt werden, dass alle ausgefüllten Fragebögen auch gültig waren. Kritisch ist im diesem Zusammenhang zu bewerten, dass durch die Verwendung eines einzigen Fragebogens für alle Adressaten Reihenfolgeeffekte bei der Beurteilung der Website-Entwürfe nicht vollständig ausgeschlossen werden können.[178] Trotz dieses Sachverhalts ist das Vorgehen in diesem Fall damit zu rechtfertigen, dass im Zuge einer EMS zwar sehr schnell sehr viele potenzielle Probanden erreicht werden können, aber aufgrund von Technikscheu oder Formularangst[179] viele Personen trotz eines attraktiven Incentives nicht an der Umfrage teilnehmen. So lässt sich bei einer für das Ausschließen von Reihenfolgeeffekten nötigen Gruppenbildung vor einem Anschreiben bei einer EMS nicht absehen, wie viele Antworten aus der jeweiligen Gruppe zurückkommen werden, was eine Erhebung in diesem Fall immens verkompliziert hätte. Weiterhin werden beim verwendeten PDF-Formular die Reihenfolgeeffekte auch dadurch reduziert,

---

[178] Vgl. Gierl, H.; Höser, H. (2002), S. 3 ff.
[179] Vgl. Gierl, H. (1995), S. 209.

dass die Testpersonen in der Übersichtsseite alle Entwürfe noch einmal in völlig willkürlicher selbstbestimmter Reihenfolge vergrößert betrachten können, bevor sie ihre Bewertung abgeben.

7.6. Zusammensetzung der Stichprobe

Um für die weiteren Untersuchungen einen besseren Eindruck der demografischen Hintergründe und der Internet- und Buchungserfahrung von Ferienwohnungen innerhalb der Stichprobe zu bekommen, folgen zunächst einige Informationen zur Zusammensetzung der Probanden. Die absoluten Angaben entsprechen im Folgenden, wie bereits argumentiert, ebenfalls ihren relativen Häufigkeiten.

Abb. 7: Geschlechtsspezifische Zusammensetzung der Stichprobe

Unter den 100 ausgewerteten Antworten befanden sich 41 Frauen und 59 Männern im Alter von 19 bis 71 Jahren.

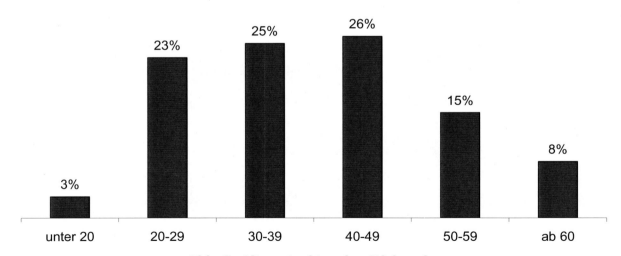

Abb. 8: Altersstruktur der Stichprobe

Abb. 8 stellt die Altersstruktur der Stichprobe grafisch dar. Einen detaillierten Überblick über die Altersverteilung der Testpersonen gibt Abb. 9 in Form eines Histogramms. Hieraus ergibt sich ein mittleres Alter von 39,97 Jahren.

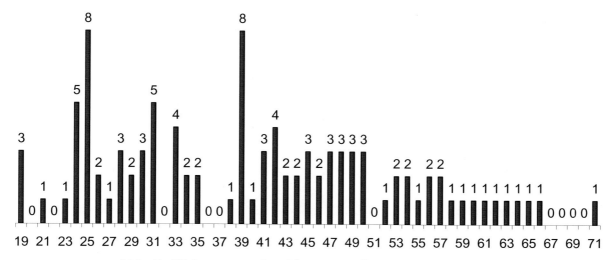

Abb. 9: Histogramm der Altersverteilung der Stichprobe

Das Konstrukt der Interneterfahrung der Probanden wurde mittels folgender drei Statements operationalisiert:

1. Im Internet kenne ich mich eher gar nicht aus.

2. Ich komme zu Recht und finde was ich suche.

3. Ich bin Internetprofi und weiß mehr als die meisten meiner Freunde und Bekannten.

Unter Verwendung des rekodierten ersten Statements ergibt sich Cronbachs Alpha zu 0,761 und lässt sich auch nicht durch Weglassen eines Statements verbessern, was für die Reliabilität der verwendeten Items spricht. Die Interneterfahrung wurde, wie auch die restlichen Statements, auf einer Skala von 1 bis 7 gemessen. Abb. 10 stellt die Streuung der Interneterfahrung in der Stichprobe grafisch dar. Der besseren Übersichtlichkeit halber wurden die Messwerte zu Gruppen zusammengefasst.

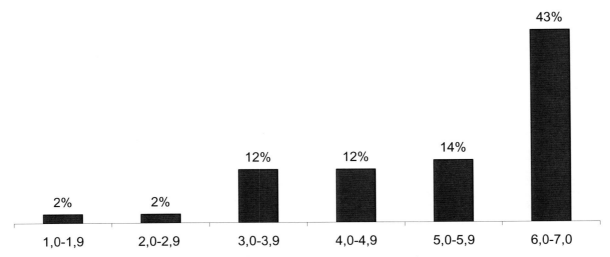
Abb. 10: Streuung der Interneterfahrung in der Stichprobe

Insgesamt ergab sich der relativ hohe Mittelwert von 5,52, was letztlich dadurch erklärt werden kann, dass sich in erster Linie besonders internetaffine Adressaten vom Anschreiben der Befragung angesprochen gefühlt haben. Grundsätzlich ist gerade bei einer EMS eher von einer höheren Interneterfahrung der Teilnehmer auszugehen als bei einer postalischen Umfrage, da zur Teilnahme an einer EMS offensichtlich zumindest das Vorhandensein einer E-Mail-Adresse erforderlich ist, was in gewissem Maße bereits grundlegende Internetkenntnisse voraussetzt.

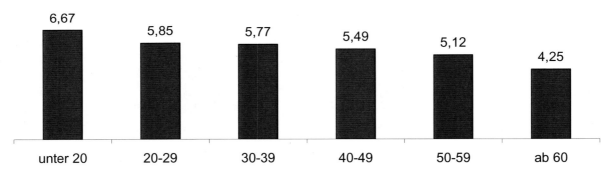
Abb. 11: Interneterfahrung der verschiedenen Altersgruppen

Interessant ist in diesem Zusammenhang auch, dass die durchschnittliche Interneterfahrung, wie in Abb. 11 dargestellt, zwar bei älteren Teilnehmern zurück geht, es aber auch bei Probanden über 60 noch Personen mit einer selbst eingeschätzten Interneterfahrung von über 6 gibt. Zur Veranschaulichung dieses Sachverhalts dient die genauere Darstellung der durchschnittlichen Interneterfahrung in Abhängigkeit des Alters aus Abb. 12. Neben teilweiser Selbstüberschätzung kann dies möglicherweise auf den relativen Charakter des dritten Statements zurückgeführt werden. Allerdings bestätigt dies auch den eingangs erwähnten Trend der zunehmenden Anzahl an Silver-Surfern und belegt v. a. auch, dass diese wirklich zur Zielgruppe für Angebote von Ferienwohnungen im Internet zu zählen sind, da Personen über 50 immerhin einen Anteil von 23 % und damit fast ein Viertel der Antworten ausmachen.

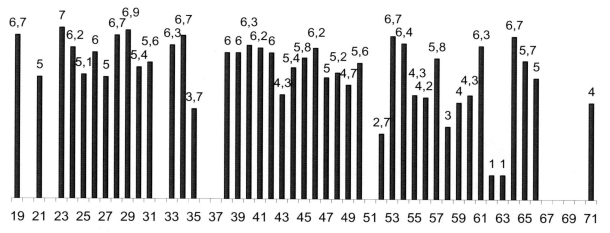

Abb. 12: Interneterfahrung in Abhängigkeit des Alters der Probanden

In diesem Kontext ist allerdings nicht nur interessant, wie erfahren die Teilnehmer der Studie generell im Internet sind, sondern auch, ob sie bereits im Internet nach einer Ferienwohnung gesucht haben und falls ja, auch die Bereitschaft zur Online-Buchung hatten.

Die diesbezüglich gestellte Frage „Haben Sie schon mal im Internet nach einer Ferienwohnung gesucht?" wurde folgendermaßen beantwortet:

Abb. 13: Durchgeführte Internetsuchen einer Fewo

Auch hier ist wieder zu berücksichtigen, dass gezielt Personen angeschrieben wurden, die bereits für die Buchung einer Ferienwohnung Interesse gezeigt hatten. Die Frage „Haben Sie bereits eine Ferienwohnung im Internet gebucht?" lieferte folgendes Ergebnis:

Abb. 14: Durchgeführte Online-Buchungen einer Fewo

Als zusätzliche Kontrollfrage zur Elimination willkürlich abgegebener Antworten wurde die Bewertung des Statements „Eine Buchung über das Internet lehne ich grundsätzlich ab" mit in den Fragebogen aufgenommen. Unter Verwendung einer Rating-Skala von 1 (trifft nicht zu) bis 7 (trifft voll zu) ergab sich ein Mittelwert von 1,34. Während der Datenanalyse musste lediglich ein Fragebogen aufgrund der Kontrollfrage aussortiert werden. Aufgrund der über 100 vorhandenen Antworten wurde dieser durch einen anderen ersetzt.

Zusammenfassend lässt sich also festhalten, dass sich die Stichprobe bezüglich des Alters annähernd normalverteilt im Intervall zwischen 19 und 71 Jahren zusammensetzt, wobei sie in etwa zu gleichen Teilen aus Männern und Frauen besteht. Die zur Beurteilung der Website-Entwürfe nötige Interneterfahrung ist generell bei fast allen Testpersonen vorhanden und fast 90 % der Befragten haben auch bereits eine Fewo-Suche im Internet durchgeführt und verfügen so vermutlich über zusätzliches Wissen über vergleichbare Internetauftritte. Nachdem nun die Zusammensetzung der Stichprobe ausführlich betrachtet wurde, wird im nächsten Abschnitt die Conjoint-Analyse durchgeführt

7.7. Conjoint-Analyse

Dieses Kapitel fasst die zuvor erwähnten Analyseschritte vier und fünf im Folgenden zusammen. Vor der Auswertung haben alle 100 Teilnehmer in ihren Antworten die acht verschiedenen Entwurfsvarianten in eine für sie subjektiv am besten zutreffende Reihenfolge gebracht. Äußerst kritisch ist in diesem Zusammenhang zu sehen, dass bei sieben vorliegenden Website-Elementen und nur acht verschiedenen Stimuli im vorgestellten orthogonalen Design aufgrund fehlender

Freiheitsgrade keinerlei Reliabilitätsanalyse bezüglich der abgegebenen Nutzenwerte durchgeführt werden kann. Trotz dieses Wissens wurde die Studie nicht um zusätzliche Entwürfe erweitert, da sonst die Dateigröße des Fragebogens erhöht worden wäre und die maximale E-Mail-Größe mehrerer Webmail-Provider in diesem Fall einen Versand des Fragebogens an eine Vielzahl von Teilnehmern verhindert hätte.

In Verbindung mit dem in Abschnitt 7.3 vorgestellten orthogonalen Design wurden aus den gewonnen Daten mittels SPSS für jede Person Teilnutzenwerte für die zu untersuchenden Website-Elemente berechnet. Zur Bestimmung auffällig ähnlicher Fälle im Sinne von natürlichen Gruppierungen innerhalb der Stichprobe wurde anschließend eine hierarchische Clusteranalyse mit Ward-Methode unter Verwendung des quadrierten euklidischen Abstands als Distanzmaß durchgeführt. Abb. 15 gibt den Zusammenhang zwischen errechneter Clusterzahl auf der x-Achse und dem Varianzkriterium auf der y-Achse wieder.

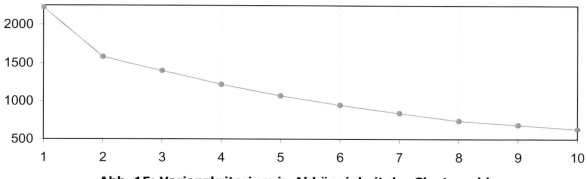

Abb. 15: Varianzkriterium in Abhängigkeit der Clusterzahl

Anhand des Elbow-Kriteriums[180] ergab sich, wie man an der Knickstelle der Kurve in Abb. 15 gut erkennen kann, die optimale Clusteranzahl 2.

Durch erneute Durchführung der Clusteranalyse konnten die Testpersonen auf die beiden optimalen Cluster aufgeteilt werden. Dabei wurden 52 Personen Cluster 1 und 48 Personen Cluster 2 zugeordnet. Ein anschließender K-S-Anpassungstest zur Untersuchung der Normalverteilung der Teilnutzenwerte der sieben Website-Elemente lieferte für Cluster 1 die in Tabelle 3 zusammengefassten Daten. Durch die größtenteils deutlich über 10 % liegenden Irrtumswahrschein-

---

[180] Vgl. Gierl, H. (1995), S. 152.

lichkeiten musste die Nullhypothese der Normalverteilung lediglich beim Element Raumplan verworfen werden. Bei einer Clustergröße von 52 kann hier allerdings unter Zuhilfenahme des zentralen Grenzwertsatzes argumentiert werden[181], weshalb auch beim RPL von Normalverteilung ausgegangen werden kann.

Element	GÄB	RPL	IMP	ZNF	SFK	GGE	LOG
K-S-Z	1,0124	1,3200	0,6111	0,7228	0,7877	0,9675	0,5558
Signifikanz	0,2569	0,0613	0,8493	0,6730	0,5642	0,3065	0,9169

Tabelle 3: Werte des K-S-Anpassungstests für Cluster 1

Analog ergeben sich für Cluster 2 die in Tabelle 4 dargestellten Werte aus dem K-S-Anpassungstest.

Element	GÄB	RPL	IMP	ZNF	SFK	GGE	LOG
K-S-Z	1,2098	0,8763	1,0377	0,8872	0,9482	1,3114	1,2197
Signifikanz	0,1071	0,4262	0,2318	0,4106	0,3297	0,0641	0,1021

Tabelle 4: Werte des K-S-Anpassungstests für Cluster 2

Hier kann übereinstimmend zur Betrachtung von Cluster 1 bei allen Bestandteilen bis auf die grafischen Gestaltungselemente von Normalverteilung ausgegangen werden. Allerdings kann auch bei einer Clustergröße von 48 eine Begründung über den zentralen Grenzwertsatz erfolgen, weshalb auch für die GGE im Folgenden Normalverteilung angenommen wird.

Anschließend soll nun ein T-Test bei unabhängigen Stichproben herangezogen werden, um die Mittelwerte der beiden Cluster auf Unterschiede zu überprüfen und so eine Aussage über die Qualität der gebildeten Gruppen treffen zu können. Bedenklich für die Durchführung des T-Tests ist hierbei die nicht absolut identische Clustergröße. Da es sich allerdings nur um minimale Größenunterschiede handelt, soll der T-Test dennoch durchgeführt werden. Die Voraussetzung einer metrischen abhängigen Variablen, ist trotz ordinaler Rangreihenbildung der Testpersonen durch die, aus der Conjoint-Analyse erhaltenen Teilnutzenwerte er-

---

[181] Vgl. Bamberg, G.; Baur, F. (2002), S. 130 f.

füllt.[182] Allerdings muss noch die Varianzhomogenität der Cluster geprüft werden, wozu vorab ein Levene-Test durchgeführt wird.

Die Nullhypothese des Levene-Tests lautet, dass die Varianzen der Grundgesamtheit in allen Gruppen gleich sind. Wie aus Tabelle 5 ersichtlich, liegen die Signifikanzwerte aller Website-Bestanteile außer der grafischen Gestaltungselemente über 10 %, weshalb für diese Komponenten die Nullhypothese des Levene-Tests nicht abzulehnen ist und somit von Varianzhomogenität ausgegangen werden kann. Lediglich die GGE erfüllen die Voraussetzung der Varianzhomogenität für den T-Test nicht, weshalb hier im Folgenden auf entsprechende Werte für verschiedene Varianzen zurückgegriffen wird.

Website-Elemente	F	Signifikanz
Gästebuch	1,7116	0,1938
Raumplan	1,6887	0,1968
Impressionen	0,6195	0,4331
Hilfsnavigation	2,1389	0,1468
Suchfunktion	0,1797	0,6726
Grafische Gestaltungselemente	4,6147	0,0342
Logo	1,5598	0,2147

Tabelle 5: Levene-Test auf Varianzhomogenität in den Clustern

Nach Berücksichtigung der Erkenntnisse über die Varianzhomogenität der gebildeten Cluster wurde ein T-Test bei unabhängigen Stichproben durchgeführt. Das Ergebnis dieses Tests fasst Tabelle 6 zusammen. Dabei sind bis auf die grafischen Gestaltungselemente jeweils die T- und 2-seitigen-Signifikanzwerte für Varianzgleichheit enthalten. Nur für die GGE mussten aufgrund der Ergebnisse des Levene-Tests die Werte für Varianzinhomogenität, also für verschiedene Varianzen herangezogen werden.

Wie man anhand der sehr geringen Irrtumswahrscheinlichkeiten in Tabelle 6 gut erkennen kann, sind für die ersten fünf untersuchten Website-Elemente hoch signifikante Mittelwertunterschiede zum 99%-Niveau vorhanden, da dort die Signifikanzwerte jeweils unter 1 % liegen.

---

[182] Vgl. Abschnitt 4.2.

Website-Elemente	T	Signifikanz
Gästebuch (gleiche Varianzen)	-3,1873	0,0019
Raumplan (gleiche Varianzen)	8,4103	0,0000
Impressionen (gleiche Varianzen)	-10,0909	0,0000
Hilfsnavigation (gleiche Varianzen)	3,9747	0,0001
Suchfunktion (gleiche Varianzen)	-4,8822	0,0000
Grafische Gestaltungselemente (verschiedene Varianzen)	-2,6876	0,0087
Logo (gleiche Varianzen)	1,8250	0,0711

Tabelle 6: Ergebnisse des T-Tests bei unabhängigen Stichproben

Lediglich beim Element Logo kann mit einer Irrtumswahrscheinlichkeit von p=0,711 nur zum 90%-Niveau die Nullhypothese der Mittelwertgleichheit des T-Tests verworfen und so von signifikanten Mittelwertunterschieden ausgegangen werden. Dies reicht allerdings für die weitere Betrachtung vollkommen aus.

Zusammenfassen lässt sich also festhalten, dass zwischen den Teilnutzenwerten der gebildeten Cluster signifikante Unterschiede bestehen. Zur besseren Erklärung werden nun clusterspezifische Mittelwerte aus den einzelnen Teilnutzen gebildet. Diese werden anschließend bezüglich der aufgestellten Hypothesen ausgewertet. Da, wie zuvor argumentiert wurde, die von einer Person wahrgenommene Website-Qualität direkt über den Nutzen, den diese Person dem vorgestellten Entwurf in seiner Gesamtheit beimisst, anhand der Rangreihenbildung erfasst wurde und hieraus durch die Conjoint-Analyse Teilnutzenwerte berechnet wurden, entsprechen die so gebildeten Mittelwerte auch einer über die Cluster gemittelten Einstellungsveränderung der Testpersonen zur Website bei Integration des jeweiligen Elements.

Aufgrund des Vorzeichens der vorliegenden Mittelwerte können die in Kap. 6 aufgestellten Hypothesen entweder gestützt oder widerlegt werden. Hierdurch ergeben sich, wie man in Tabelle 7 ablesen kann, clusterspezifische Auswirkungen auf die in Spalte 1 der Tabelle angegebenen Hypothesen.

H	Website-Element	Ø Cluster 1	Ø Cluster 2	Ø-Differenzbetrag
1	Gästebuch	-0,5833	0,1910	0,7743
2	Raumplan	2,7083	-0,5556	**3,2639**
3	Impressionen	-0,6122	2,5451	**3,1573**
4	Hilfsnavigation	1,9872	0,3194	**1,6677**
5	Suchfunktion	-0,5449	0,3785	0,9233
6	Grafische Gestaltungselemente	-0,3718	0,4306	0,8024
7	Logo	0,7083	0,3403	0,3681

Tabelle 7: Clustermittel der errechneten Teilnutzenwerte

Ein negativer, roter Wert führt letztlich zu einer Ablehnung und ein schwarzer, positiver Wert zu einer Bestätigung der jeweiligen Hypothese und der damit verbundenen Vermutung einer positiven Auswirkung der Integration des jeweiligen Elements auf die Einstellung der Testperson zur Website. Man kann also festhalten, dass für Cluster 1 die Hypothesen H_1, H_3, H_5 und H_6 verworfen werden müssen, wohingegen H_2, H_4 und H_7 bestätigt werden konnten. Für Testpersonen des ersten Clusters haben also lediglich ein Raumplan, die Hilfsnavigation und ein Logo einen positiven Einfluss auf die wahrgenommene Website-Qualität. In Cluster 2 muss nur H_2 verworfen werden, wohingegen H_1, H_3, H_4, H_5, H_6 und H_7 durch die vorliegenden Ergebnisse gestützt werden. Für Testpersonen des zweiten Clusters hatten also alle Elemente außer dem Raumplan einen positiven Einfluss auf die wahrgenommene Website-Qualität. Hilfsnavigation und Logo scheinen für beide gebildeten Gruppen einen positiven Effekt zu haben, weshalb ihre Integration grundsätzlich als Handlungsempfehlung an Vermieter von Ferienwohnungen ausgesprochen werden kann. Besonders auffällig sind die sehr deutlichen mittleren Differenzbeträge zwischen den beiden Clustern beim Raumplan, den Impressionen und der Hilfsnavigation, weshalb diese auch in Tabelle 7 fett hervorgehoben wurden. Insgesamt konnten zwar alle Hypothesen zumindest in einem Cluster bestätigt werden, die besonders auffälligen Clusterunterschiede geben allerdings Anlass zu weiteren Auswertungen für die Herkunft dieser Differenzen. Hierzu wurden die Zusammensetzungsdaten der Stichprobe aus Abschnitt 7.6 jeweils für die beiden Cluster bezüglich ihrer Mittelwerte bzw. relativen Häufigkeiten ausgewertet. Einen Überblick gibt Tabelle 8.

Merkmal	Cluster 1	Cluster 2	Differenz
Ø-Alter	40,1154	39,8125	0,3029
Ø-Internetkenntnisse	5,5641	5,4722	0,0919
darunter Frauen	46,15%	35,42%	10,74%
Bereits im Internet Fewo gesucht	96,15%	81,25%	**14,90%**
Bereits im Internet Fewo gebucht	69,23%	52,08%	**17,15%**

Tabelle 8: Herkunft der Clusterunterschiede

Dabei fällt v. a. auf, dass es hinsichtlich des Alters und der Internetkenntnisse kaum Unterschiede gibt. In Cluster eins befanden sich Personen von 19 bis 71 Jahren, in Cluster zwei streute das Alter zwischen 19 und 64 Jahren, wodurch sich die beiden in Tabelle 8 angegebenen Mittelwerte ergeben. Auch der Frauenanteil lässt wenige Schlüsse auf eventuell vorhandene geschlechtsspezifische Wahrnehmungen zu. Allerdings ist auffällig, dass sich in Cluster 1 mehr Probanden befinden, die bereits nach einer Fewo im Internet gesucht haben. Noch deutlicher ist dieser Unterschied bei der Zahl der durchgeführten Online-Buchungen, weshalb diese Werte in Tabelle 8 wieder fett abgedruckt wurden. Geht man davon aus, dass gerade diejenigen Personen in der Stichprobe, die bereits eine Online-Buchung durchgeführt haben, durch möglicherweise vorhandene Abwägungen verschiedener Anbieter vor der Buchungsentscheidung bereits mehr Fewo-Internetauftritte gesehen haben als andere, könnte man darauf schließen, dass diese deshalb auch bei der Nutzenabwägung einzelner Webseiten kritischer vorgehen und sich nicht so leicht vom ersten Eindruck einer Seite beeinflussen lassen, was v. a. für den negativen Nutzenwert bei den Impressionen mit vergleichsweise geringem Informationsgehalt im Kontrast zum deutlich höheren Referenzwert aus Cluster 2 sprechen würde.

Bedenkt man den informativen Charakter einiger Bestandteile, die aufgrund der dargestellten theoretischen Grundlagen möglicherweise eher kognitive Einstellungsveränderungen hervorrufen im Gegensatz zu eher emotional ansprechenden Website-Elementen als möglichem Auslöser affektiver Einstellungsveränderungen, lässt sich diese Argumentation noch etwas weiter führen. Prinzipiell kann man die Testpersonen aus Cluster 1 somit anhand der Daten aus Tabelle 7 als rein informationsorientierte Surfer bezeichnen, die sich nur in geringem Maße durch grafischen „Schnick-Schnack" beeinflussen lassen, aber dennoch gebündelt prägnante Information in Form von Schaubildern, wie einem Raumplan aufnehmen. Dies würde die stark positiven Nutzenwerte des Raumplans und der Hilfsnavigation mit ihrer kognitiv ansprechenden Orientierungswirkung, sowie die deutlich negativen Werte der informationslosen Impressionen und der grafischen Gestaltungselemente in Tabelle 7 erklären. Im großen Gegensatz dazu lassen sich Probanden aus Cluster 2 aufgrund ihrer deutlich geringeren Wertschätzung der für Cluster 1 relevanten Elemente, aber dafür im Gegenzug vorhandener Beeinflussbarkeit durch informationslose Impressionen als ästhetisch-emotional geprägte Surfer bezeichnen. Weiterer Untersuchungsbedarf besteht v. a. bei Gästebuch und Suchfunktion, da hier keine augenscheinliche Zuordnung über die geführte Argumentation möglich ist. Möglicherweise könnte sich die in den Daten ermittelte Diskrepanz zwischen Website-Elementen, die eher emotionale Vorgänge auslösen und solchen, die eher kognitive Vorgänge auslösen auch über schwache oder starke Aufmerksamkeit und das damit verbundene Involvement der Testpersonen erklären lassen.[183] Hierzu müssten allerdings diverse Modell- und insbesondere auch Erhebungsänderungen durchgeführt und weitere Einflussfaktoren sowie zusätzliche funktionale Zusammenhänge berücksichtigt werden, was deshalb höchstens in zukünftige Untersuchungen mit einfließen kann.

Zusammenfassend lässt sich zum Abschluss der Conjoint-Analyse also festhalten, dass jedes der vorgestellten Website-Elemente für eine entsprechende Zielgruppe eine positive Einstellungsveränderung hervorrufen kann. Dabei ist allerdings explizit zu berücksichtigen, ob ein Element eher einen kognitiven oder affektiven Einfluss auf die Einstellung der Website-Besucher ausübt. Bevor abschließend im Kap. 8 die gewonnen Erkenntnisse im Hinblick auf die Zielsetzung gewürdigt werden, folgt nun noch die deskriptive Auswertung der weiteren erhobenen Daten.

7.8. Auswertung der weiteren Fragestellungen

Nachdem nun ausführlich auf den Kernbestandteil der vorliegenden Arbeit, die Conjoint-Analyse, eingegangen wurde, beschäftigt sich dieser letzte Abschnitt

---

[183] Vgl. Kroeber-Riel, W.; Weinberg, P. (2003), S. 612 ff.

der empirischen Studie mit der Auswertung der Fragestellungen bezüglich einer angemessenen Website-Promotion von Fewo-Internetauftritten. Hierzu wurden den Testpersonen einige weitere Statements zur Bewertung vorgelegt. Die resultierenden Ergebnisse werden im Folgenden kurz dargestellt und sofern nötig mit den, in der Zielsetzung aus Kap. 2.2 aufgeworfenen Fragestellungen in Verbindung gebracht.

Zwar spielten für die Untersuchungen des vorherigen Abschnitts lediglich die mit durchgezogenen Pfeilen dargestellten funktionalen Beziehungen im entworfenen Wirkungsmodell aus Abb. 4 eine Rolle, jedoch sollte im Zuge der Befragung – wenn auch nicht am Beispiel einer konkreten Website – dennoch ermittelt werden, ob grundsätzlich von der wahrgenommen Qualität eines Internetauftritts von Ferienwohnungen auf die Qualität der Ferienwohnung im Sinne des angebotenen Produkts geschlossen wird. Deshalb wurden die Probanden zur Bewertung des folgenden Statements auf einer Rating-Skala von 1 (trifft nicht zu) bis 7 (trifft voll zu) gebeten: „Ich kann mit vorstellen, dass eine Ferienwohnung mit ansprechender eigener Internetseite eine bessere Qualität aufweist als eine mit einer weniger ansprechenden Internetseite."

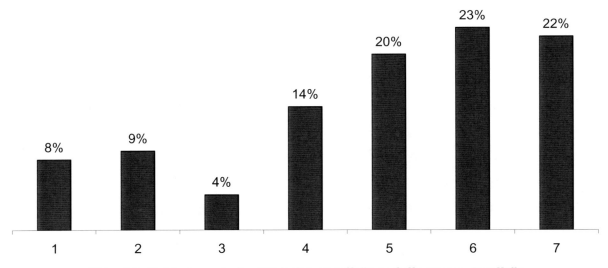

Abb. 16: Schluss von der Website-Qualität auf die Fewo-Qualität

Es ergab sich ein Mittelwert von 4,86. Wie man anhand der genauen Häufigkeiten der einzelnen Skalenwerte in Abb. 16 erkennen kann, stellt für über 60 % der Befragten die Website-Qualität ein Signal für die Qualität der angebotenen Ferienwohnung dar. Bevor nachfolgend näher auf die Thematik der Suchmaschinenoptimierung und die damit zusammenhängenden Sponsored Links eingegangen wird, folgen noch einige allgemeine Fragen bezüglich des Buchungsverhaltens der Testpersonen. Zunächst sollte ermittelt werden, wo eine Suche nach einer Ferienwohnung begonnen wird und wo bei erfolgreicher Suche letztlich die Buchung der Wohnung durchgeführt wird. Die Auswertung dieser beiden Fragen findet sich in Abb. 17 und Abb. 18.

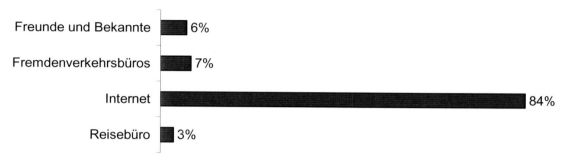

Abb. 17: Wo nach Ferienwohnungen gesucht wird

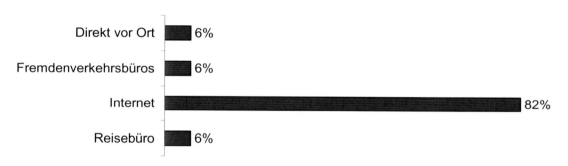

Abb. 18: Wo Ferienwohnungen gebucht werden

An dieser Stelle sei allerdings noch einmal darauf hingewiesen, dass der gravierende Trend zur Internetbuchung möglicherweise auch durch die Auswahl des EMS-Verfahrens und die damit angesprochene Zielgruppe zusätzlich verstärkt wurde. Wie aus Daten des Praxispartners hervorgeht, steigt die Anzahl der Internetbuchung seit einigen Jahren kontinuierlich an. Um grundsätzlich abschätzen zu können, warum immer mehr Personen eine Ferienwohnung über das Internet suchen und ggf. auch buchen, wurden zwei einfache Statements nach Wunsch des Praxispartners mit in den Fragebogen aufgenommen. Auf der bekannten Skala von 1 bis 7 ergab sich für das Statement „Ich suche im Internet um eine möglichst günstige Ferienwohnung zu finden" der Mittelwert 4,52, was möglicherweise einen Anreiz darstellt, besonders günstige Angebote v. a. außerhalb der Hauptsaison im Internet bereitzustellen, um so gezielt die Gruppe der Schnäppchenjäger anzusprechen. Die Bewertung des Statements „Ich suche im Internet nach einer Ferienwohnung, weil die Suche schnell und sehr komfortabel ist", lieferte einen noch höheren Mittelwert von 6,04, was durchaus als Motivation für private Seitenbetreiber zu sehen ist, die Usability ihrer eigenen Website weiter zu verbessern bzw. überhaupt auf einen akzeptablen Stand zu bringen[184], da Internetnutzer, wie aus dem relativ hohen Mittelwert hervorgeht, möglicherweise bereits eine gewisse Erwartungshaltung bezüglich des Komforts der Navigation durch den Hypertext des WWW entwickelt haben.

Zur Bestimmung eines zeitlichen Rahmens für Webemaßnahmen im Internet sollte weiterhin die typische Vorlaufzeit für Fewo-Buchungen ermittelt werden. Um zwischen klassischen Buchungen im Reisebüro und solchen im Internet unterscheiden zu können, wurden die Testpersonen an verschiedenen Stellen des Fragebogens jeweils nach einer der beiden Vorlaufzeiten befragt. Wie man anhand von Abb. 19 erkennen kann, ergaben sich hierbei kaum Unterschiede. Die Ergebnisse dieser Auswertung entsprechen auch in etwa den vom ADAC ermittelten Buchungswerten nicht-fewo-spezifischer Urlaubsreisen.[185]

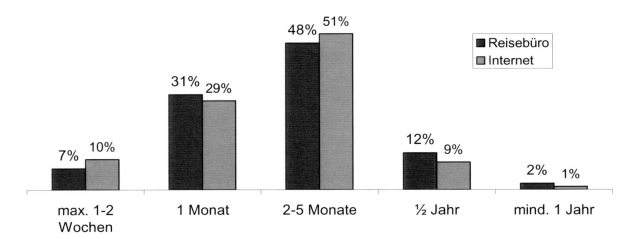

Abb. 19: Vorlaufzeiten für die Buchung von Ferienwohnungen

Da der Aufbau einer eigenen Webpräsenz – wie zu Beginn der Arbeit veranschaulicht – gezwungenermaßen mit Kosten verbunden ist, sollte im Zuge der Erhe-

---

[184] Vgl. Abschnitt 7.1.
[185] Vgl. Krause, C. (2007), S. 50.

bung ebenfalls erfasst werden, wie Ferienwohnungen ohne eigenen Internetauftritt von den Testpersonen beurteilt werden, bzw. ob Ferienwohnungen mit eigener Website grundsätzlich besser bewertet werden als solche ohne eigenen Internetauftritt. Hierbei ergab sich ein Mittelwert von 6,3, wobei detaillierte Häufigkeiten der abgegebenen Selbsteinschätzungen in Abb. 20 dargestellt sind.

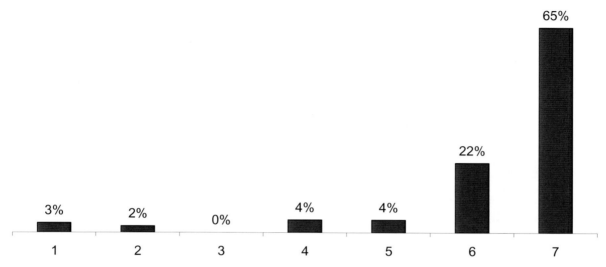

Abb. 20: Bessere Bewertung für Ferienwohnungen mit eigener Website

Dem Ergebnis zu Folge können sich die Kosten der Website-Programmierung für Vermieter von Ferienwohnungen durchaus auszahlen, da zusammen mit den Werten aus Abb. 16 von einer grundlegend besseren Bewertung der Ferienwohnung mit vorhandener eigener Webpräsenz ausgegangen werden kann. Zur weiteren Untersuchung der Bewertungsunterschiede zwischen Ferienwohnungen mit und solchen ohne eigenem Internetauftritt, wurde den Probanden abschließend das folgende Statement zur Bewertung vorgelegt: „Ferienwohnungen ohne eigene Internetseite kommen für mich generell gar nicht in Frage." Sogar bei dieser sehr provokativen Aussage ergab sich ein Mittelwert von 3,31. Die genauen Bewertungen finden sich in Abb. 21. Trotz der Tatsache, dass 32 % der Befragten die Aussage als vollständig unzutreffend beurteilten, zeigte sich, dass sich immerhin 34 % mit dem Statement identifizieren konnten.

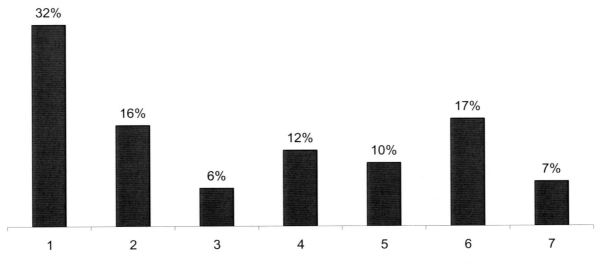

Abb. 21: Nur Ferienwohnungen mit eigener Website relevant

Für eine gezielte Veröffentlichung von Links auf die eigene Internetseite ist auch von Interesse, wo die Zielgruppe die Suche nach einer Fewo beginnt. Auch diesbezüglich wurden die Testpersonen befragt, wobei sich das in Abb. 22 dargestellte Bild bot.

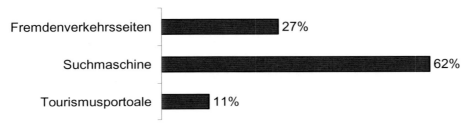

Abb. 22: Ausgangsposition für eine Fewo-Suche im Internet

Zielsetzung dieser zusätzlichen Datenerfassung war die Verbesserung der Möglichkeiten zur Website-Promotion. Wie man anhand von Abb. 22 erkennen kann, beginnen immerhin 62 % der Befragten ihre Suche bei Internetsuchmaschinen. Voraussetzung für eine gezielte Suchmaschinenoptimierung ist allerdings das Wissen darüber, was die Zielgruppe bei ihrer Suche nach einer Ferienwohnung in die Suchmaske von Google, etc. eingibt. Deshalb wurde im Zuge der EMS auch offen nach einem entsprechenden Suchausdruck also einer Kombination einzelner Suchbegriffe gefragt. Durch den offenen Charakter der Frage mussten die Angaben der Probanden manuell ausgewertet werden, um ähnliche und synonyme Begriffe zusammenzufassen sowie potenzielle Tippfehler und sog. Stopwords, d. h. Begriffe, die von Suchmaschinen automatisch aussortiert werden, zu eliminieren. Durch das manuelle Verfahren konnte darüber hinaus differenziert werden, welche angegebenen Begriffe der Suche nach einer Ferienwohnung galten und welche die Lage, Ausstattung oder weitere Extras, etc. repräsentierten.

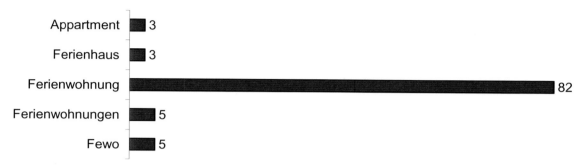

Abb. 23: Suchbegriffe für eine Ferienwohnung

Abb. 23 gibt in alphabetischer Reihenfolge zunächst Aufschluss darüber, mit welchen Begriffen die Testpersonen nach einer Ferienwohnung suchen, während Abb. 24 die weiteren angegebenen Suchbegriffe darstellt.

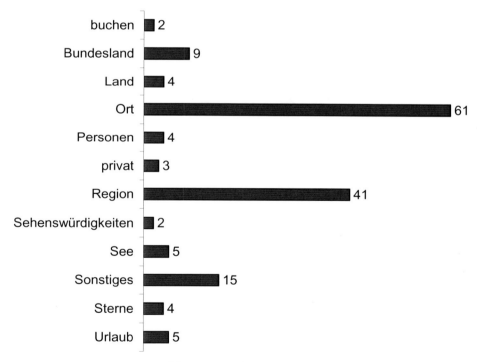

Abb. 24: Weitere angegebene Suchbegriffe

Hierzu wurden konkrete Eigennamen jeweils unter dem entsprechenden Übergeordneten Begriff subsumiert. So wurde statt Bayern oder Baden-Württemberg die Angabe des Bundeslandes berücksichtigt und statt beispielsweise München der

Ort als gegeben angenommen. Synonyme Begriffe wie Gegend, Gebiet, Umgebung, Reisegebiet und Zielgebiet wurden dem sehr häufig angegebenen Begriff Region zugeordnet. Auch hier erfolgt die Darstellung in alphabetischer Reihenfolge, wobei die Kategorie Sonstiges weitere vereinzelt vorhandenen Angaben wie Internetanschluss, Aussicht, Berge, Ausstattung, Pool, Surfen, Wandern, zentrale Lage, ruhige Lage, Küche, oder Balkon, etc. enthält.

Dabei ist zu beachten, dass die Anzahl der angegebenen Suchbegriffe in großem Maße variierte. Von einigen Probanden wurden sogar mehrere Synonyme für Ferienwohnung in einem Suchausdruck kombiniert. Abb. 25 stellt schließlich die Häufigkeiten der angegebenen Suchbegriffsanzahl grafisch dar.

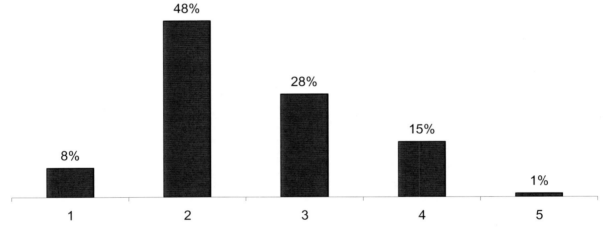

Abb. 25: Anzahl der angegebenen Suchbegriffe

Dabei ist deutlich zu erkennen, dass besonders vielen Testpersonen ein einzelner Begriff nicht ausreichend erscheint, um die Internetsuche entsprechend einzugrenzen. Da Suchmaschinen bei ihrer Seitenbewertung auch den Wortabstand mit berücksichtigen, kann es also durchaus sinnvoll sein, gezielt mit bestimmten Begriffskombinationen auf einer Website für Ferienwohnungen zu werben. Für weitere diesbezügliche Untersuchungen sollten in der Fragestellung nach dem Suchausdruck allerdings offensichtliche Begriffe mit zu hoher Angabewahrscheinlichkeit, wie Ferienwohnung, Region und Ort ausgeschlossen werden, um weitere Erkenntnisse zu gewinnen.

Nachdem Internetnutzer, wie mehrfach beschrieben, Wert auf das Vorhandensein einer ausreichenden Informationsfülle legen und davon auszugehen ist, dass sie eine Internetseite ohne für sie relevante Information auch mehr oder weniger direkt wieder verlassen werden, ist es neben der gezielten Integration von relevanten Suchbegriffen in die eigene Website für Vermieter von Ferienwohnungen auch von entscheidender Bedeutung, die Zielgruppe mit den von ihr erwünschten Informationen zu versorgen. Dafür ist zunächst das Wissen notwendig, was den Zielpersonen an einer Ferienwohnung besonders wichtig ist. In Abb. 26 wurden die 12 am häufigsten genannten Begriffe einander gegenübergestellt.

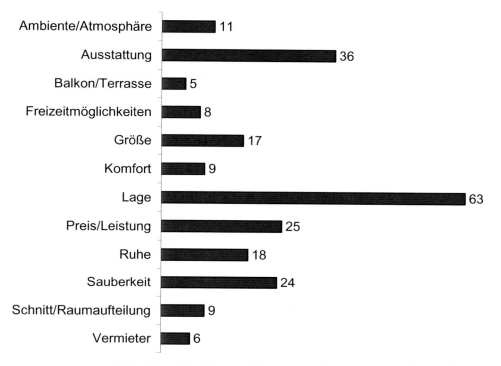

Abb. 26: Wichtigste Eigenschaften einer Ferienwohnung

Dabei fällt auf, dass v. a. das gerne benutzte Werbemittel der „schönen Aussicht" mit lediglich zwei Nennungen keine entscheidende Rolle zu spielen scheint. Unter den sonstigen genannten Schlagwörtern befanden sich Begriffe wie Bett/Matratze, Helligkeit, Sauna, Natur, komfortable Sitzmöbel, Wellness-Angebot, Kraftraum, Schwimmbad, Alter der Wohnung, Service, separate Schlafzimmer, und Internet. Letztlich ist natürlich im Zuge der Bereitstellung gezielter Information über die einzelnen Bestandteile zu berücksichtigen, dass es sich gerade bei einigen der häufigsten Angaben, wie beispielsweise der Sauberkeit eher um Basis-Leistungen im Sinne des Kano-Modells handelt[186], bei denen nicht

---

[186] Vgl. Abschnitt 5.7.

zwingend davon auszugehen ist, dass ein besonderer Hinweis auf das Vorhandensein einen direkten Nutzen stiften muss. Dennoch dürfte es durchaus von entscheidender Bedeutung sein, wenn Website-Besucher, die für sie wichtigen Anforderungen an eine Fewo direkt auf der Startseite des Internetauftritts als vorhanden erkennen können.

Letztlich sollte noch die Fragestellung bezüglich kostenpflichtiger Werbemaßnahmen, z. B. im Zuge von Google AdWords adressiert werden. Um hierbei eine Durchführungsempfehlung abgeben zu können, muss zunächst bekannt sein, wie viele Ergebnisseiten mit Organic Links[187] überhaupt beim Durchführen einer Suche betrachtet werden. Dies ist deshalb relevant, da nur so die Auffindbarkeit der eigenen Seite beurteilt werden kann. Ist die Website bezüglich einer Suchanfrage nicht unter den ersten beiden Ergebnisseiten zu finden und ist beispielsweise bekannt, dass die Zielgruppe durchschnittlich nur diese ersten beiden Ergebnisseiten betrachtet, bevor sie eine neue Suche startet oder bei einem anderen Anbieter bucht, macht eine kostenpflichtige Anzeige möglicherweise auch bei höheren Klickkosten Sinn. Auf der bereits beschriebenen Rating-Skala bewerteten die Testpersonen die Aussage „Ich sehe mir maximal die Treffer der ersten ein bis zwei Ergebnisseiten an" durchschnittlich mit einem Wert von 3,6. Einen genauen Überblick über die Häufigkeitsverteilung in der Stichprobe gibt Abb. 27.

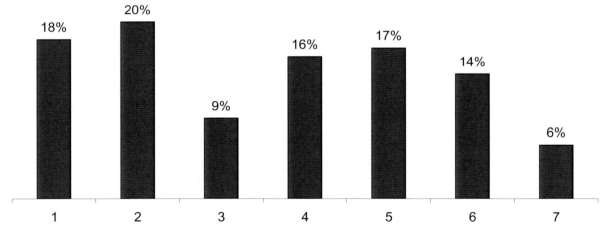

Abb. 27: Ich sehe mir maximal die ersten zwei Trefferseiten an

---

[187] Vgl. Abschnitt 2.2.

Trotz des geringen Mittelwerts von unter 4 gibt es für 37 % der Befragten offensichtlich eine maximale Anzahl an Treffern, die sie zu beurteilen bereit sind, bevor sie Ihre Suchanfrage verfeinern, abändern oder direkt eine andere Seite anspringen.[188] Dies stellt allerdings nur eine Teilmenge der relevanten Information dar. Zusätzlich ist es für ein erfolgreiches Werben mit AdWords erforderlich, dass diese auch angeklickt werden und nicht etwa, wie in Kap. 2.2 argumentiert, aufgrund von Bannerblindheit oder bewusster Ablehnung dieser Werbemaßnahme nicht beachtet werden. Deshalb wurden die Probanden ebenfalls zur Bewertung der Aussage „Anzeigen (sog. AdWords), die bei Google oben oder am rechten Bildschirmrand erscheinen, klicke ich grundsätzlich nicht an" gebeten. Hierbei ergab sich ein Mittelwert von 4,79, was eine vorhanden Ablehnung dieser Werbeanzeigen in der Stichprobe anzeigt. Detaillierten Aufschluss über die abgegebenen Bewertungen gibt Abb. 28.

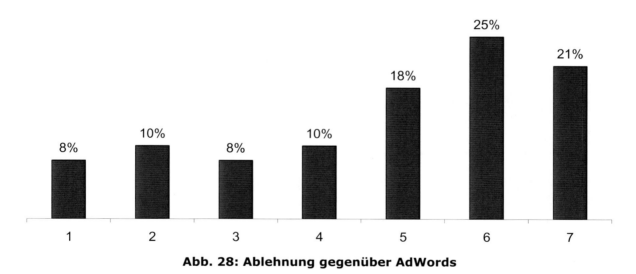

Abb. 28: Ablehnung gegenüber AdWords

Es lässt sich also festhalten, dass bei über 60 % der Testpersonen eine grundlegende Ablehnungshaltung gegenüber Sponsored Links wie Google AdWords vorhanden ist. Das nächste Kapitel fasst die hier vorgestellten deskriptiven Daten und die gewonnen Erkenntnisse über die Werbewirkung von Website-Elementen nun abschließend zusammen und versucht – sofern möglich – anhand der gewonnen Erkenntnisse Handlungsempfehlungen für private Vermieter von Ferienwohnungen abzuleiten.

---

[188] Vgl. Ergebnisse von Hotchkiss, G. (2004).

8. Fazit

Zielsetzung der vorliegenden Arbeit war die Untersuchung der Wirkung ausgewählter Website-Elemente auf die wahrgenommene Qualität eines Internetauftritts für Vermietung von Ferienwohnungen. Neben dieser hauptsächlichen Aufgabenstellung sollten im Zuge einer empirischen Studie zusätzliche Daten für relevante Fragestellungen zur Website-Promotion erhoben und ausgewertet werden. Dabei sah sich die Arbeit von Anfang an der Problematik gegenübergestellt, dass zur untersuchenden Thematik, v. a. übertragen auf den Tourismusbereich am Beispiel von Ferienwohnungen, bisher kaum Forschungsergebnisse vorlagen.

Nach einer kurzen Einleitung bezüglich der Aktualität und Relevanz der Arbeit in Kap. 1 und der Abgrenzung der thematischen Zielsetzung in Kap. 2, wurde zunächst literaturgestützt ein theoretisches Werbewirkungsmodell als Untersuchungsgrundlage entwickelt. Anschließend wurden messtheoretische Überlegungen angestellt, anhand derer die Wahl auf die Durchführung einer EMS-basierten Coinjoint-Analyse unter Zuhilfenahme eines interaktiven PDF-Formulars als Fragebogen fiel. Nachdem der Stand der bisherigen empirischen Forschung in Kap. 5 die Rechtfertigung für die Durchführung einer weiteren Studie geliefert hatte, wurden auf Basis des geschaffenen theoretischen Modells Hypothesen abgeleitet, die anschließend durch die empirische Studie des vorangegangen Kapitels belegt werden sollten.

Zu Beginn der Arbeit wurden als Untersuchungsgegenstand die Website-Elemente Gästebuch, Raumplan, Impressionen, Hilfsnavigation, Suchfunktion, grafische Gestaltungselemente und Logo als repräsentative Bestandteile der Kategorien Inhalt, Navigation und Layout gewählt. Zwar wurden fast alle dieser Elemente noch nicht direkt und v. a. auch nicht im Bezug auf die Wirkung im Kontext privater Fewo-Websites untersucht, jedoch konnten die relevanten Einflussgrößen und ihre funktionalen Beziehungen unter Verwendung einer Fülle von Literatur aus ähnlichen Forschungsbereichen weitestgehend identifiziert werden. Für die anschließende empirische Studie wurde mit relativ großem Aufwand ein digitaler, problemadäquater und v. a. einfach zu bedienender PDF-Fragebogen entwickelt, der sich per E-Mail im Zuge einer EMS an alle Teilnehmer verteilen ließ und trotz nicht vorhandener Kontrollmöglichkeit bei dieser Umfrageform, die Datenqualität sicherstellte. Die Erhebung wurde außerdem voll digital durchgeführt, was eine Reihe weiterer Vorteile, wie fehlerfreie Datenübernahme durch Vermeidung von Medienbrüchen, etc. mit sich brachte.

Als Ergebnis der anschließend durchgeführten Conjoint-Analyse lässt sich festhalten, dass jedes der vorgestellten Website-Elemente für eine entsprechende Zielgruppe eine positive Einstellungsveränderung hervorrufen kann. Allerdings ist dies nicht inhärent für jedes Element automatisch gegeben, sondern variiert in Abhängigkeit der Beeinflussbarkeit des jeweiligen Website-Besuchers. Zu einer genauen Analyse dieses Sachverhalts hat sich das aufgestellte Modell dieser Arbeit im Verlauf der empirischen Studie als nicht präzise genug erwiesen, da die Einstellung des Besuchers zur Website lediglich als Gesamtkonstrukt für die Hypothesenbildung berücksichtigt wurde. Als besserer Ansatz hat sich im Nachhinein die Berücksichtigung der Wirkung jedes Website-Elements auf affektive und die kognitive Einstellungskomponenten in getrennter Form ergeben, da so verschiedene Gruppeneffekte besser erklärt werden könnten. Trotzdem kann anhand der Erkenntnisse der empirischen Studie davon ausgegangen werden, dass die Beeinflussbarkeit der Besucher durch die Website-Elemente im vorliegenden Fall und somit repräsentativ als alters- und geschlechtsunabhängig anzusehen ist und lediglich in gewissem Maße vom fachspezifische Vorwissen, also beispielsweise der Anzahl der bereits online durchgeführten Fewo-Buchungen, nicht aber von der Interneterfahrung des Konsumenten insgesamt abhängt. Diese Erkenntnisse sind darauf zurückzuführen, dass die Testpersonen anhand ihrer spezifischen Teilnutzenwerte in zwei Cluster eingeteilt werden konnten, die grob als informationsorientierte Surfer im Gegensatz zu emotionsorientierten Surfern bezeichnet werden können. Für Vermieter von Ferienwohnungen ist dabei wichtig, im Bezug auf die Zielgruppenansprache entsprechend Prioritäten auf entweder affektiv oder kognitiv ansprechende Website-Elemente zu legen. Diesbezüglich sollte für zukünftige nötige Untersuchungen eine Anpassung des Werbewirkungsmodells aus Abb. 4 vorgenommen werden, so dass dort explizit die Auswirkungen der Website-Elemente auf den emotionalen Eindruck der Website differenziert von den Veränderungen des wahrgenommen Informationsgehalts der Website betrachtet werden können. Wie ebenfalls anhand aktueller Daten gezeigt wurde, besitzen sogar die 20 von Google am besten bewerteten, privaten Fewo-Auftritte hinsichtlich aller Elemente Verbesserungspotenziale, sodass sich weitere Untersuchungen der beiden festgestellten Wirkungskomponenten rechtfertigen lassen.

Anhand der weiteren erhobenen Daten konnte zunächst festgestellt werden, dass 65 % der Befragten einen direkten Schluss von der wahrgenommenen Qualität der Website auf die erwartete Qualität der Ferienwohnung ziehen, was für Vermieter von Ferienwohnungen oder auch im Allgemeinen für Seitenbetreiber der Tourismusdomain einen Anreiz zur Erstellung qualitativ hochwertiger Webseiten sein sollte. Dies trifft umso mehr zu, da im Status quo der Fewo-Websites bei fast allen getesteten Auftritten gravierende Mängel festgestellt werden konnten. Unter dem Gesichtspunkt, dass über 90 % der Testpersonen, eine Ferienwohnung ohne eigenen Internetauftritt von vorne herein schlechter bewerten, wurde für Vermieter, die bisher nicht mit eigener Webpräsenz im Internet vertreten sind, auch zusätzliche Motivation zur Seitenerstellung geschaffen. Dies ist noch mehr von Bedeutung, da 34 % der Befragten eine Buchung einer Wohnung ohne eigenen Internetauftritt von vorne herein ausschlossen. Im Zuge des Launches einer eigenen Website könnten Vermieter auch entsprechende, für die Werbewirkung bezüglich ihrer spezifisch anzusprechenden Zielgruppe günstige Website-Elemente mit in ihre Seite integrieren und so von den vorliegenden Erkenntnissen dieser Arbeit profitieren. Hierbei sind v. a. die Integration eines grafischen Logos und zusätzlicher Navigationselemente mit Orientierungswirkung zu nennen, da sich diese bei beiden Surfertypen positiv auf die wahrgenommene Website-Qualität auswirkten.

Wie die erhobenen Daten ebenfalls belegen, können kurzfristige Werbemaßnahmen für die Promotion eines privaten Internetauftritts für Ferienwohnungen v. a. im Internet durchaus sinnvoll sein, da über 80 % der Befragten dort nach einer Fewo suchen. 90 % der Testpersonen beginnen ihre Suche erst maximal fünf Monate vor Reiseantritt, was ebenfalls für die Notwendigkeit kurzfristiger Werbemaßnahmen spricht. Überraschend ist allerdings der relativ hohe Anteil 27 % der Benutzer, die ihre Suche nach einer Fewo im Internet auf Fremdenverkehrsseiten der Zielregion beginnen. Hier können möglicherweise vielerorts bisher ungenutzte Synergieeffekte zwischen Vermietern und Betreibern der Fremdenverkehrsseiten entstehen, was privaten Vermietern von Ferienwohnungen potenziell relativ kostengünstige Werbemöglichkeiten eröffnet.

Anhand der Erkenntnis, dass für 64 % der Testpersonen Sponsored Links nicht zur Debatte stehen und mit dem weiteren Wissen, dass 47 % der Befragten die Bereitschaft aufbringen, mehr als nur die ersten beiden Ergebnisseiten einer Suchanfrage zu inspizieren, kann Vermietern von Ferienwohnungen weiterhin empfohlen werden, von kostenpflichtigen Werbeanzeigen bei Suchmaschinen abzusehen und dafür eher in Suchmaschinenoptimierung der eigenen Seite unter Verwendung der erfragten Keywords aus Abb. 23 und Abb. 24 zu investieren. Dabei sollten Sie allerdings gezielt die für die Zielgruppe relevanten Informationen aus Abb. 26 auf ihrer eigenen Internetseite bereitstellen, um den Informationsbedarf der Besucher ausreichend zu befriedigen und diese zu einer Buchung anzuregen.

Abschließend kann also festgestellt werden, dass trotz der in dieser Arbeit gewonnen Erkenntnisse und der damit verbundenen Empfehlungen für private Vermieter von Ferienwohnungen bezüglich der Integration von Website-Elementen noch weiterer Forschungsbedarf besteht, um die genauen Implikationen der einzelnen Elemente auf die wahrgenommene Website-Qualität zu ergründen.

Anhangsverzeichnis

A: Fragebogen zur empirischen Studie **99**

B: Literaturverzeichnis **114**

C: Internetadressenverzeichnis **120**

A: Fragebogen zur empirischen Studie

Da es sich beim Fragebogen zur empirischen Studie um ein interaktives PDF-Formular handelt, in dem nicht ausschließlich das Din-A4-Seitenformat verwendet wurde, mussten einige Abbildungen für den im Anhang befindlichen Fragebogen größenmäßig an den Rahmen dieser Arbeit angepasst werden. Zusätzlich wurden die Abbildungen zu Referenzierungszwecken mit einer Beschriftung versehen, die sich ebenfalls nicht im Originalfragebogen befand.

Nachdem bestimmte Funktionen des Fragebogens, wie automatische Seitenüberblendungen der Entwürfe, dynamisch eingeblendete Navigationsbuttons sowie die Vergrößerungsfunktionen in der Miniaturübersicht eigens für den Fragebogen programmierte PDF-Javascripts benötigen, sind diese ebenfalls nur im PDF zu finden.

Das voll funktionsfähige PDF-Formular zur Studie kann aus dem Internet [7] gezippt heruntergeladen werden.

Bitte lesen Sie die Anmerkungen und Hinweise auf den folgenden Seiten aufmerksam durch und füllen Sie alle Felder korrekt aus.

Unter allen vollständig ausgefüllten und zurückgesendeten Fragebögen verlosen wir drei Wellnesswochenenden für jeweils zwei Personen bei Zum Schweizer Ferienwohnungen in Seehausen am Staffelsee. Details zu Inklusivleistungen der Kurzpakete erhalten Sie am Ende der Umfrage.

Teil 1: Gestaltungsvorschläge für einen Internetauftritt über Vermietung von Ferienwohnungen

Nachdem Sie die Hinweise vollständig gelesen haben, klicken Sie bitte auf den Button „Durchgang starten" weiter unten. Der Button öffnet eine Vollbildanzeige, in der Sie jeweils für einige Sekunden acht verschiedene Gestaltungsvorschläge für den eigenen Internetauftritt eines Ferienwohnungsanbieters sehen. Bei einigen Programmversionen des Acrobat-Readers wird an dieser Stelle ein entsprechender Hinweis „Vollbild" angezeigt, den Sie mit „Ja" bestätigen müssen um an der Umfrage teilnehmen zu können. Während der Vorführung wird <u>keine</u> Internetverbindung aufgebaut. Bitte unterbrechen Sie diese Vorführung <u>nicht</u> und nutzen Sie stattdessen die Zeit um sich einen ersten Eindruck der verschiedenen Entwürfe zu machen, damit Sie diese anschließend bewerten können.

Wichtig: Die einzelnen Vorschläge stellen keine Einzelseiten eines Internetauftritts dar sondern sind als gänzlich unterschiedliche grafische und inhaltliche Gestaltungsmöglichkeiten für den gesamten Internetauftritt zu verstehen. Bitte beachten Sie dies bei Ihrer Bewertung.

Nach dem Durchlauf stoppt die Vorführung automatisch auf Seite 2 des Fragebogens (Seite 10 des PDFs). Dort finden Sie eine übersichtliche Zusammenstellung aller Vorschläge.

Bewerten Sie bitte jeden Entwurf mit Punkten von 1 bis 8, wobei <u>1 die schlechteste</u> zu vergebende Punkzahl und <u>8 die höchste</u> erreichbare Punktzahl darstellt. Dabei darf jede Wertung nur ein einziges Mal vergeben werden. Beginnen Sie sinnvollerweise mit dem Entwurf, der Ihnen am besten gefallen hat (8 Punkte), da vergebene Wertungen automatisch „aussortiert" werden.

Ein Klick auf eine der Miniaturansichten führt Sie zurück zur vergrößerten Darstellung damit Sie diese noch einmal genauer begutachten können. Von dort kommen Sie auch wieder über einen Button „zurück zur Bewertung".

Durchgang starten

Abb. 29: Website-Gestaltungsentwurf 1

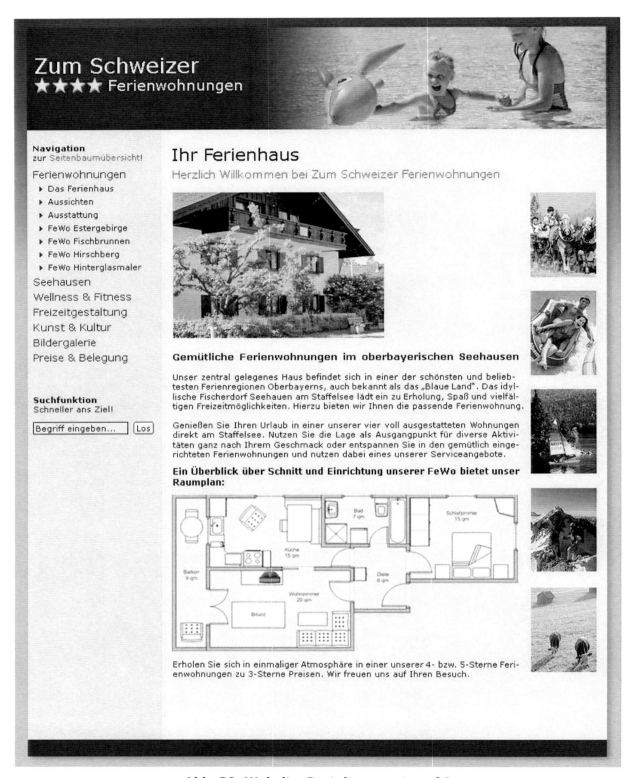

Abb. 30: Website-Gestaltungsentwurf 2

Abb. 31: Website-Gestaltungsentwurf 3

Abb. 32: Website-Gestaltungsentwurf 4

Abb. 33: Website-Gestaltungsentwurf 5

Abb. 34: Website-Gestaltungsentwurf 6

Abb. 35: Website-Gestaltungsentwurf 7

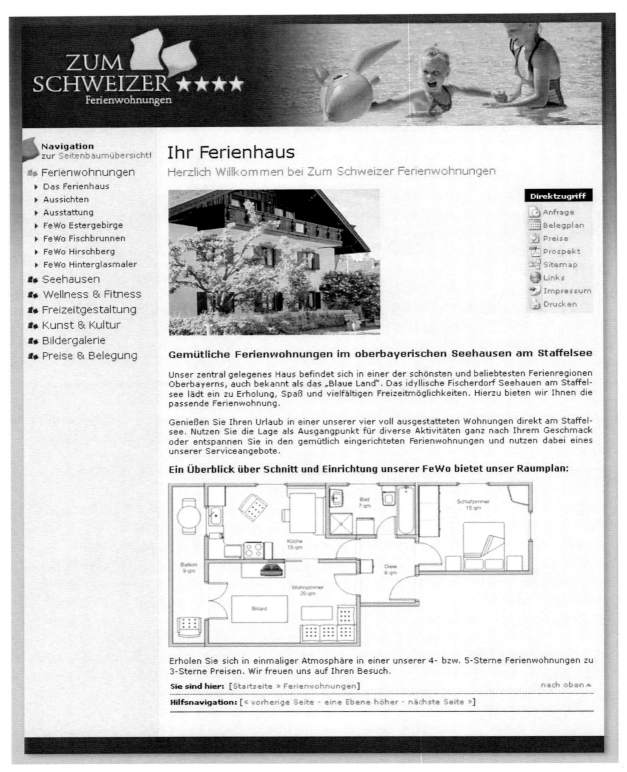

Abb. 36: Website-Gestaltungsentwurf 8

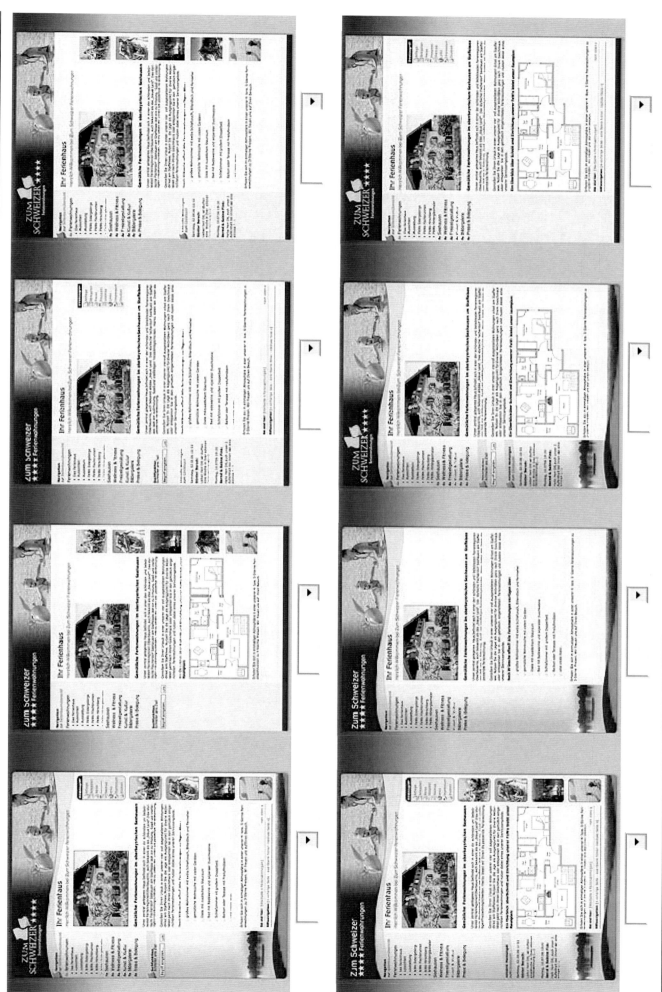

Teil 2: Einige allgemeine Fragen

Gibt es etwas, dass Sie an allen vorgestellten Entwürfen vermissen?

_____

Sie sind?

O männlich   O weiblich

Ihr Alter in Jahren?

_____

Haben Sie schon mal im Internet nach einer Ferienwohnung <u>gesucht</u>?

O ja   O nein

Haben Sie bereits eine Ferienwohnung im Internet <u>gebucht</u>?

O ja   O nein

Inwieweit stimmen Sie folgenden Aussagen über Ihre Internetkenntnisse zu? Bitte bewerten Sie auf jeden Fall <u>alle drei Aussagen</u>.

Im Internet kenne ich mich eher gar nicht aus.

trifft <u>nicht</u> zu   O   O   O   O   O   O   O   trifft <u>voll</u> zu

Ich komme zu Recht und finde was ich suche.

trifft <u>nicht</u> zu   O   O   O   O   O   O   O   trifft <u>voll</u> zu

Ich bin Internetprofi und weiß mehr als die meisten meiner Freunde und Bekannten.

trifft <u>nicht</u> zu   O   O   O   O   O   O   O   trifft <u>voll</u> zu

Stellen Sie sich für die nächsten Fragen vor, Sie planen gerade Ihren Urlaub in einer Ferienwohnung in Süddeutschland.

Was ist Ihnen bei einer Ferienwohnung grundsätzlich am Wichtigsten?

_____

Wo würden Sie nach einer passenden Ferienwohnung <u>suchen</u>?

- O im Reisebüro
- O im Internet
- O bei Fremdenverkehrsbüros in der Zielregion
- O mittels Informationen von Freunden und Bekannten

Wo würden Sie nach erfolgreicher Suche die gefundene Wohnung <u>buchen</u>?

- O im Reisebüro
- O im Internet
- O bei Fremdenverkehrsbüros in der Zielregion
- O ich suche mir spontan vor Ort eine Unterkunft direkt beim Vermieter

Wenn Sie im <u>Reisebüro</u> buchen, wie lange vor Reiseantritt würden Sie die Buchung in etwa durchführen?

- O max. 1-2 Wochen
- O 1 Monat
- O 2-5 Monate
- O ½ Jahr
- O mind. 1 Jahr

Inwieweit stimmen Sie in diesem Zusammenhang der folgenden Aussage zu?

Eine Buchung über das Internet lehne ich grundsätzlich ab.

trifft <u>nicht</u> zu O O O O O O O trifft <u>voll</u> zu

Gehen Sie jetzt davon aus, dass Sie sich für eine Suche im Internet entschlossen haben.

Wo würden Sie Ihre Suche beginnen?

- O in Suchmaschinen (z.B. bei www.google.de)
- O in Tourismusportalen (z.B. bei www.fewo-direkt.de)
- O auf Fremdenverkehrsseiten von Orten der Zielregion (www.muenchen.de)

Bitte bewerten Sie die folgenden Aussagen.

Ich suche <u>im Internet</u> um eine möglichst günstige Ferienwohnung zu finden.

trifft <u>nicht</u> zu O O O O O O O trifft <u>voll</u> zu

Ich suche im Internet nach einer Ferienwohnung, weil die Suche schnell und sehr komfortabel ist.

trifft nicht zu O O O O O O O trifft voll zu

Wenn Sie im Internet eine Ferienwohnung buchen, wie lange vor Reiseantritt würden Sie die Buchung in etwa durchführen?

- O max. 1-2 Wochen
- O 1 Monat
- O 2-5 Monate
- O ½-1 Jahr
- O mind. 1 Jahr

Stellen Sie sich vor, Sie verwenden für Ihre Suche nach der Ferienwohnung im Internet eine Suchmaschine wie Google.

Welche Suchbegriffe würden Sie in die Suchmaschine eingeben?

_____

Inwieweit treffen die folgenden Aussagen auf Sie zu?

Ich sehe mir maximal die Treffer der ersten ein bis zwei Ergebnisseiten an.

trifft nicht zu O O O O O O O trifft voll zu

Anzeigen (sog. AdWords) die bei Google oben oder am rechten Bildschirmrand erscheinen, klicke ich grundsätzlich nicht an.

trifft nicht zu O O O O O O O trifft voll zu

Sie finden auf einem Tourismusportal eine Liste von Ferienwohnungen teils nur mit Telfonnummer, teils mit zusätzlichem Link auf den eigenen Internetauftritt.

Inwieweit treffen die folgenden Aussagen für Sie zu?

Eine Ferienwohnung mit eigenem Internetauftritt würde ich grundsätzlich besser bewerten als eine ohne Internetauftritt.

trifft nicht zu O O O O O O O trifft voll zu

Ich kann mir vorstellen, dass eine Ferienwohnung mit ansprechender eigener Internetseite eine bessere Qualität aufweist als eine mit einer weniger ansprechenden Internetseite.

trifft <u>nicht</u> zu O O O O O O O trifft <u>voll</u> zu

Ferienwohnungen ohne eigene Internetseite kommen für mich generell gar nicht in Frage.

trifft <u>nicht</u> zu O O O O O O O trifft <u>voll</u> zu

Sie haben es fast geschafft.

Bitte vergessen Sie nicht, die Antworten des Fragebogens mit einem Klick auf den Button unten rechts an Ihr E-Mail-Programm zu übergeben und diese <u>Mail an uns abzuschicken</u>.

[Fragebogen abschicken]

Vielen Dank für Ihre Teilnahme und viel Glück bei der Verlosung.

Details zum Wellnesswochende finden Sie auf http://www.zum-schweizer.com.

B: Literaturverzeichnis

Altmann, W.; Fritz, R.; Hinderink, D. (2004): TYPO3 – Enterprise Content Management, München: Open Source Press GmbH.

Backhaus, K.; Erichson, B.; Plinke, W.; Weiber, R. (1996): Multivariate Analysemethoden, 8. Auflage, Berlin: Springer Verlag.

Bambauer, S. (2003): Websites als Qualitätssignal: Eine empirische Analyse ausgewählter Website-Elemente, Aachen: Shaker Verlag.

Bamberg, G.; Baur, F. (2002): Statistik, 12. Auflage, München: Oldenburger Wissenschaftsverlag.

Bauer, H.; Grether, M.; Sattler, C. (2002): Internetspiele als Marketinginstrument für Low-Involvement Produkte, in: Marketing Zeitschrift für Forschung und Praxis, Jg. 24, Ausgabe 4, S. 265–276.

Bauer, H.; Mäder, R.; Fischer, C. (2003): Determinanten der Wirkung von Online-Markenkommunikation, in: Marketing Zeitschrift für Forschung und Praxis, Jg. 25, Heft 4, S. 227–241.

Bauer, H.; Meeder, U.; Rennert, S. (2001): Erfolgreiche Werbung im Internet, in: planung & analyse, Bd. 28, Ausgabe 6, S. 70–73.

Beisecker, M. (2006): Das Lexikon der PC-Fachbegriffe 2006, 2. Auflage, Bonn: Verlag für die Deutsche Wirtschaft AG.

Berekoven, L.; Eckert, W.; Ellenrieder, P. (1991): Marktforschung – Methodische Grundlagen und praktische Anwendungen, 5. Auflage, Wiesbaden: Gabler Verlag.

Bernard, M. (2003): Criteria for optimal web design) - How can I effectively use images on my website?, Software Usability Research Laboratory Wichita State University, URL: http://psychology.wichita.edu/optimalweb/images.htm.

Crijns, R.; Thalheim, J. (2006): Kooperation und Effizienz in der Unternehmenskommunikation, Wiesbaden: Deutscher Universitätsverlag.

Daibler, A.; Hemsing, W. (2005): Online Conjoint – Eine bewährte Methode im neuen Gewand, in: planung & analyse, Bd. 32, Ausgabe 1, S. 47–52.

Esch, F.; Kiss, G. (2006): Wirkung interaktiver Markenauftritte im Internet: Theoretische Grundlagen und empirische Ergebnisse, in: Marketing Zeitschrift für Forschung und Praxis, Jg. 28, Ausgabe 2, S. 99–115.

Fischer, M. (2006): Website Boosting - Suchmaschinen-Optimierung, Usability, Webseiten-Marketing, Bonn: Mitp-Verlag.

Föbus, M. (2006): Sonderbericht „Silver Surfer" zu den internet facts 2005-II, AGOF e.V., URL: http://www.agof.de/index.395.html.

Ford, A. (2001): Apache kurz und gut, Köln: O'Reilly Verlag.

Fritz, W. (2001): Internet-Marketing und Electronic Commerce: Grundlagen – Rahmenbedingungen – Instrumente, 2. Auflage, Wiesbaden: Gabler Verlag.

Frosch-Wilke, D.; Raith, C. (2002): Marketing-Kommunikation im Internet, Wiesbaden: Vieweg Verlag.

Geißler, H.; Donath, T., Jaron, R. (2003): Von der Schwierigkeit Websites benutzerfreundlich zu gestalten, in: planung & analyse, Bd. 30, Ausgabe 2, S. 42–49.

Gierl, H. (1995): Marketing, Stuttgart: Kohlhammer Verlag.

Gierl, H. (2003): Konsistenz der Internetwerbung mit der klassischen Werbung, in: planung & analyse, Bd. 30, Ausgabe 2, S. 50–55.

Gierl, H.; Bambauer, S. (2001): Werbewirkung von Unternehmens-Websites am Beispiel von Banken, in: planung & analyse, Bd. 28, Ausgabe 6, S. 56–61.

Gierl, H.; Bambauer, S. (2004): Effekte qualitätsbezogener Zusatzinformationen über Websites auf die Beurteilung von Produkten, in: Marketing Zeitschrift für Forschung und Praxis, Jg. 26, Ausgabe 2, S. 95–107.

Gierl, H.; Höser, H. (2002): Der Reihenfolgeeffekt auf Präferenzen, in: Schmalenbachs Zeitschrift für betriebswirtschaftliche Forschung, Jg. 54, Ausgabe 1, S. 3–18.

Greifeneder, H. (2006): Erfolgreiches Suchmaschinenmarketing – Wie Sie bei Google, Yahoo, MSN & Co. ganz nach oben kommen, Wiesbaden: Gabler Verlag.

Grösswang, B.; Kurz, H. (2000): Ursachen für die Akzeptanz von kommerziellen und universitären Websites, in: transfer – Werbeforschung & Praxis, Ausgabe 4, S. 13–16.

Holland, H. (2002): Direktmarketing-Fallstudien – Beispiele für Datenbanken, Adress-Selektionen, Mailings, Wiesbaden: Gabler Verlag.

Hotchkiss, G. (2004): Into the mind of the searcher, Technical Report, Enquiro Search Solutions Inc., URL: http://www.enquiro.com/research/whitepapers.asp.

Hübner, R.; Bressler, F.; Rohloff, S. (2003): Was kostet Web-Design?, 3. Auflage, Berlin: Springer Verlag.

Hull, S. (2004): Influence of Training and Exposure on the Usage of Breadcrumb Navigation, Software Usability Research Laboratory Wichita State University, URL: http://psychology.wichita.edu/surl/usabilitynews/61/breadcrumb.htm.

Kano, N.; Tsuji, S.; Seraku, N.; Takahashi, F. (1984): Attractive Quality and Must-be Quality, Journal of the Japanese Society for Quality Control, 14. Jg., Ausgabe 4, S. 39–48.

Kirchmair, R.; Weis, M. (2000): Psychologie der Website: Qualitätskriterien und ihre empirische Überprüfung, in planung & analyse, Bd. 27, Ausgabe 1, S. 62–68.

Knapp, F.; Wachter, B. (2000): Internauten verstehen – Von der Website-Evaluation zum Markenimage im Web, in: planung & analyse, Bd. 27, Ausgabe 1, S. 72–75.

Krause, C. (2007): ADAC Reisemonitor 2007 – Trendforschung im Tourismusmarkt, München: ADAC Verlag GmbH.

Kreutzer, R. (2006): Praxisorientiertes Marketing: Grundlagen – Instrumente – Fallbeispiele, Wiesbaden: Gabler Verlag.

Kroeber-Riel, W.; Esch, F. (2004): Strategie und Technik der Werbung, 6. Auflage, Stuttgart: Kohlhammer Verlag.

Kroeber-Riel, W.; Weinberg, P. (2003): Konsumentenverhalten, 8. Auflage, München: Franz Vahlen Verlag.

Liebmann, H.; Foscht, T.; Ulrich, C. (1999): Qualitative Analyse des Auftritts von Unternehmen im Internet, in: transfer – Werbeforschung & Praxis, Ausgabe 1, S. 36–40.

Litsch, I. (2001): Kundenschreck Internet, in: Touristik Management, Ausgabe 3, S. 78–80.

Luzar, K. (2004): Inhaltsanalyse von webbasierten Informationsangeboten – Framework für die inhaltliche und strukturelle Analyse, Norderstedt: Books on Demand GmbH.

Maass, W.; Stahl, F. (2003): Marktübersicht zu Content Management Systemen. In: Competence in Content. Frankfurt a. M. : DGI, 2003 – 25. Online Tagung der Deutschen Gesellschaft für Informationswissenschaft und Informationspraxis (DGI), Frankfurt am Main.

Mu, E.; Galletta, D. (2002): The Influence of the Meaning of Pictures and Words on Web Page Recognition Performance, Proceedings of the 36th Hawaii International Conference on System Science.

Müller-Scholz, W. (2004): Die stille Transformation – Wie Unternehmen durch E-Business tatsächlich profitieren, Wiesbaden: Gabler Verlag.

Münz, S. (2005): <Professionelle Websites>: Programmierung, Design und Administration von Webseiten, München: Addison-Wesley Verlag.

Neibecker, B. (1998): Werthaltung und kognitive Strukturen der Internetnutzer, in: Der markt – Zeitschrift für Absatzwirtschaft und Marketing, Jg. 37, Nr. 146/147, Seite 227–238.

Nielsen, J.; Tahir, M. (2004): Homepage Usability – 50 enttarnte Websites, Frankfurt: Markt+Technik Verlag.

Pawlowitz, N. (2000): Marketing im Internet, 3. Auflage, Wien/Frankfurt: Wirtschaftsverlag Carl Ueberreuter.

Röper, D. (2001): Globaler Zugriff, in: Touristik Management, Ausgabe 8, S. 50–53.

Schießl, M.; Duda, S., (2005): Text oder Bild? Neue Ergebnisse aus der Werbewirkungsforschung, in: planung & analyse, Bd. 32, Ausgabe 2, S. 54–61.

Schmeißler, D.; Sauer, H. (2003): Mit den Augen der User sehen: Was die Blickverläufe der User über die Wirkung einer Homepage sagen, in: planung & analyse, Bd. 30, Ausgabe 4, S. 55–60.

Sherman, C. (2005): Google Power - Unleash the Full Power of Google, New York: McGraw-Hill Professional Publishing.

Silberer, G.; Engelhardt, J.; Krumsiek, M. (2003): Die farbige Gestaltung von Navigationselementen als Aktivierungstechnik, in: der markt – Zeitschrift für Absatzwirtschaft und Marketing, Jg. 42, Nr. 166/167, Seite 153–161.

Silberer, G.; Mau, G. (2003): Wie sich Websurfer verhalten: Zur Interaktion mit dem World Wide Web, in: transfer – Werbeforschung & Praxis, Ausgabe 4, S. 15–19.

Steidinger, G. (2005): Augenblick mal! Homepage auf dem Prüfstand, in: Marketing Journal, 38. Jg., Ausgabe 10, S. 32–34.

Stolpmann, M. (1999): Online-Marketingmix – Kunden finden, Kunden binden im E-Business, Bonn: Galileo Press GmbH.

Stowasser, S. (2002): Benutzerfreundliche Gestaltung von WWW-Seiten, in: Zeitschrift für Arbeitswissenschaft, Jg. 56, Ausgabe 5, S. 351–356.

Strack, S. (2002): Der Weg ins Web, in: Touristik Management, Ausgabe 10, S. 31–32.

Strack, S. (2003): Homepage-Pflege: Schnell, bequem, unabhängig, in: Touristik Management, Ausgabe 2, S. 42–44.

Tißler, J. (2006): Tipps & Tricks: Werbung mit Google AdWords, 2. Auflage, Schwerin: Internet Optimal Nutzen, URL: http://www.internet-optimal-nutzen.de/ratgeber/adwords.php.

van Eimeren, B.; Frees B. (2006): ARD/ZDF-Online-Studie 2006: Schnelle Zugänge, neue Anwendungen, neue Nutzer? in: Dr. Helmut Reitze (Hrsg.): Media Perspektiven, Ausgabe 8, S. 402–415.

Veen, J. (2001): Web Design: Konzept Gestalt Vision, München: Markt+Technik Verlag.

Wild, A. (2003): Senioren als Kommunikationszelgruppe im Internet, in: transfer – Werbeforschung & Praxis, Ausgabe 4, S. 20–23.

Wilhelm, T.; Yom, M.; Nusseck, D. (2003): Erwartungskonforme Webseitengestaltung, in: transfer – Werbeforschung & Praxis, Ausgabe 2, S. 34–38.

Wirtz, B. (2000): Die Website als Erfolgsfaktor in der Markenführung, in: planung & analyse, Bd. 27, Ausgabe 1, S. 16–17.

Yom, M.; Holzmüller, H. (2002): Die Evaluation der Benutzerfreundlichkeit von Websites mittels Online-Fokusgruppen, in: planung & analyse, Bd. 29, Ausgabe 4, S. 66–71.

Yom, M.; Wilhelm, T.; Beger, D. (2001): Seniorengerechte Website-Gestaltung – Erkenntnisse aus der Web-Usability-Forschung, in: planung & analyse, Bd. 28, Ausgabe 6, S. 22–25.

Zhang, P.; von Dran, G. (2001): Expectations and Rankings of Website Quality Features – Results of Two Studies an User Perception, Proceedings of the 34th Hawaii International Conference on System Science.

C: Internetadressenverzeichnis

[1] Auf DE-Domains eingeschränkte Google-Suche nach dem Begriff „Ferienwohnung", Stand: 16.12.2006
http://www.google.de/search?q=ferienwohnung+site:de&hl=de.

[2] Drupal CMS, Stand: 10.12.2006
http://drupal.org.

[3] Internet Systems Consortium: ISC Domain Survey: Number of Internet Hosts, Stand: 14.01.2007
URL: http://www.isc.org/index.pl?/ops/ds/host-count-history.php.

[4] Internetauftritt von VeriSign Deutschland, Stand: 10.04.2007
http://www.verisign.de.

[5] Joomla CMS, Stand: 10.12.2006
http://www.joomla.de.

[6] Online Gütesigel des TÜV Essen und der Verbraucherschutzzentrale Nordrheinwestfalen, Stand: 10.04.2007
http://www.tuev-online-check.de.

[7] Originalfragebogen im gezippten PDF-Format, Stand: 24.04.2007
http://www.zum-schweizer.com/fileadmin/user_upload/Fragebogen.zip.

[8] Projektseite des frei verfügbaren Logfile-Analysers AWStats, Stand: 10.03.2007
http://awstats.sourceforge.net.

[9] Startseite der Website-Statistik von Google-Analytics, Stand: 10.03.2007
http://www.google.com/analytics/de-DE/.

[10] Startseite des Internetauftritts des W3-Konsortiums, Stand: 17.12.2006
http://www.w3.org/TR/.

[11] Startseite von Google AdSense, Stand: 06.12.2006
https://www.google.com/adsense.

[12] Startseite von Google AdWords, Stand: 06.12.2006
http://adwords.google.de.

[13] Statistische Daten der Registrierungsstelle für DE-Domains DENIC, Stand: 10.01.2007
http://www.denic.de/de/domains/statistiken/index.html.

[14] Statistisches Bundesamt: Pressemitteilung vom 27. Februar 2007, Stand: 27.02.2007
http://www.destatis.de/presse/deutsch/pm2007/p0790024.htm.

[15] Typo3 CMS, Stand: 10.12.2006
http://typo3.org.

[16] Übersicht der Anbieter von kostenlosem Webspace, Stand: 10.02.2007
http://www.meine-erste-homepage.com/webspace_gratis.php.

[17] W3C Markup Validation Service, Stand 12.02.2007
http://validator.w3.org.

[18] WAI: Deutschsprachige Zugänglichkeitsrichtlinien für Web-Inhalte 1.0, Stand: 02.01.2007
http://www.w3c.de/Trans/WAI/webinhalt.html.

[19] Webalizer Logfile-Analyse-Tool, Stand: 10.03.2007,
http://www.mrunix.net/webalizer.